JN445829

요리하는 패션 디자이너
르쁠라 박민지

프랑스 파리에서 패션 디자인을 전공한
현직 패션 디자이너다.
유학과 출장으로 익숙한 파리, 그곳에서 즐겼던 음식들을
자신만의 스타일로 만들어 보는 것이 취미다.
요리를 디자인하는 마음으로 접시에 담아내고,
기록하기 위해 인스타그램과 유튜브를 시작했다.
독창적이고 감각적인 플레이팅 방법,
요리의 재료와 색감에 어울리는 접시,
주변에 있지만 몰랐던 독특한 식재료들을 소개한다.

저서로는 예비 패션 디자이너를 위한 책으로
《패션 디자이너, 미래가 찬란한 너에게》가 있다.

@leplat_pmj

@leplat

집으로 초대

글과 사진
르쁠라 박민지

요리하는
패션 디자이너
르쁠라의
비주얼 레시피

FASHION DESIGNER LEPLAT RECIPE

크루

일러두기

- 인명 및 요리 재료, 조리도구를 지칭하는 외래어의 한글 표기는 국립국어원의 표기 원칙을 따랐으나, 일부 관례로 굳어진 표기는 예외로 두었습니다.
- 도서명은《 》로 표기했으며, 인명 및 특정 상품을 지칭하는 상표의 경우 첫 표기에 한해 원어를 병기했습니다.
- 〈Chapter1 채소가 메인인 요리〉 파트에는 채소 지향 레시피를 담았습니다. 유제품 및 꿀이 들어가 있으므로 완전한 비건 요리 방식은 아니나, 우리 주변의 채소를 더욱 가까이하고 맛있게 즐길 수 있게 하려고 고안한 레시피입니다. 참고하시어 맛있게 즐겨 주시기를 부탁드립니다.
- [**3Colors Chip**] 플레이팅을 할 때 가장 신경 써야 하는 부분이 바로 컬러의 조합입니다. 무엇보다 한 접시 안에 세 가지 이상의 컬러는 넣지 않는 편이 좋습니다. 이 책에서는 〈3Colors Chip〉이라는 요소를 통해 플레이팅 컬러를 제안하고, 독자 여러분께서 스스로 멋진 플레이팅을 해볼 수 있도록 팁을 제공합니다. 메뉴마다 포인트가 되는 세 가지 색을 선정해 컬러칩을 만들었으며, 메인 하단 사진과 레시피 페이지 〈Plating Tip〉 하단에 각각 배치하였습니다.
- [**QR code**] 레시피를 영상으로 보면 더욱 도움이 될 메뉴를 각 챕터마다 한 가지씩 선정해 총 5개의 QR코드를 삽입했습니다. QR코드를 스캔하면 해당 요리의 전체 준비 과정이 담긴 영상을 만나 보실 수 있습니다. 이는 비공개 영상으로, 오직 독자 여러분께서만 보실 수 있도록 준비했습니다. 이 책의 많은 요소를 충분히 활용해 맛있고 멋있는 하루 보내시기를 바랍니다.

Introduction

저는 혼자 먹어도 정성껏 요리해 잘 차려 놓고 먹는 편입니다. 오래전 패션을 공부하러 파리에서 유학할 때부터 시작되었던 것으로 이제는 습관이 되었습니다. 혼자 먹는 것이 일상이던 시절, 채워지지 않은 외로움에 그럴수록 잘 챙겨 먹어야 한다는 마음 때문이었던 것 같아요.

파리 유학 당시 학교 친구들의 점심 식사는 단출했습니다. 프랑스 친구들은 샌드위치 또는 집에서 싸 온 파스타를 먹고, 일본 친구들은 흰밥에 김 한 장 붙여 만든 오니기리를 먹더군요. 저는 음식을 가리지 않는 사람이지만 점심때 먹는 차가운 샌드위치에 익숙해지기란 무척 어려웠습니다. 유럽에서 가장 적응하기 힘든 부분이었어요. 그래서 점심시간이 되면 근처 일본 레스토랑 혹은 직장인과 학생을 위한 '컨틴'이라는 식당으로 향했습니다. 그곳에서 점심메뉴 양배추 샐러드+고기 꼬치+밥+음료수 나 따뜻한 파스타와 디저트, 커피를 먹어야 오후에 수업을 들을 수 있는 힘이 생겼습니다. 그리고 주말에는 장을 가득 봐와서 나만을 위한 요리를 만들어 먹고는 했습니다. 친구들을 집에 초대하기도 하고, 친구 집에 가서 함께 요리해 먹기도 했지요. 때로는 친구 엄마의 레시피, 이웃집 할머니의 레시피를 배우기도 했습니다. 그렇게 많은 타인의 솜씨를 저만의 것으로 만들어가며 요리에 취미를 붙였던 것 같네요. 그때의 습관은 지금까지 이어지고 있습니다. 여전히 저는 주말이면 요리를 하고, 때때로 친구들을 초대해 함께 식사를 합니다.

패션 디자이너로 일하며 해외 출장을 참 많이 다녔습니다. 물론 개인적으로 여행을 떠났을 때도 마찬가지겠지만, 출장지에서 멋진 레스토랑을 발견하는 일은 최고의 즐거움입니다. 그곳에서 먹는 근사한 한 끼는 최선을 다해 일한 저에게 스스로 줄 수 있는 가장 큰 선물이었습니다. 출장이나 여행에서 돌아오면 가장 기억에 남는 요리를 나만의 방식으로 따라 하는 것도 이제는 생활이 되었습니다. 거창하게 전통 방식을 그대로 모방할 때도 있고, 우리나라의 식재료 사정에 맞게 응용하기도 합니다. 저에게 요리란, 즐거운 놀이 같기도 하고 스트레스 해소의 방법이기도 하니까요.

특히 제 요리는 친구들을 집에 초대할 때 그 진가를 발휘합니다. 맛있게 잘 차려낸 음식은 친구들이 우리 집에 놀러 오고 싶은 이유라고 하더군요. 특히 친구들의 찬사가 이어질 때면 요리하는 즐거움은 극대화가 됩니다. 나에게 맛있는 음식을 대접하기 위해 시작한 요리지만 그 마음이 다른 사람을 향할 때 요리에 대한 즐거움은 더욱 커지는 것 같습니다.

요리는 맛만큼이나 보여지는 것 역시도 중요합니다. 눈으로 먼저 먹고 맛으로 먹는다는 말도 있으니까요. 훌륭한 레스토랑의 요리는 플레이팅을 빼고는 이야기할 수 없습니다. 이들은 음식의 맛을 최상으로 끌어올릴 수 있는 컬러와 쉐이프를 찾아 접시 위에 표현하기 위해 고민을 거듭합니다. 요리를 먹을 때 우리가 맛을 음미할 수 있는 건 플레이팅이라는 노력이 있기 때문입니다. 파인 다이닝을 찾아갈 때 단순히 맛만 보러 가지 않는 것처럼 말이죠.

요리에 대한 경험이 있는 사람이라면 모두 공감하겠지만 신선하지 않은 재료에서는 생생한 컬러가 나오지 않습니다. 어울리지 않는 재료의 조합은 어색함이 들어나기 마련입니다. 보기 좋은 떡이 먹기도 좋다는 말처럼 요리의 색이나 조합이 떨어지면 맛이 떨어지는 것도 사실입니다.
정성껏 만든 요리를 접시 위에 놓을 때 그동안의 노력이 한순간에 사라져 속상했던 적이 있었을 겁니다. 저 역시도 음식을 다 만들고 플레이팅을 할 때면 약간의 긴장감을 느낍니다. 하지만 팽팽한 긴장감 속에서 의도대로 플레이팅을 완성했을 때의 그 뿌듯함은 이루 말할 수 없습니다. 잘 차린 음식은 혼자 먹을 때도, 함께 나눌 때에도 항상 만족감을 줍니다.

당신이 무엇을 먹는지 말해 달라, 그러면 당신이 어떤 사람인지 말해 주겠다

Dis-moi ce que to manges, je te dirai ce que tu es

장 앙텔므 브리야 사바랭
Jean Anthelme Brillat-Savarin

《미식 예찬》 중에서

제가 하는 요리가 자신이라고 생각하기 때문에 저는 이 문구를 가장 좋아합니다. 물론 18세기에 집필된 《미식 예찬》에 적힌 글이지만 다양한 식문화가 넘쳐나는 요즘에 더욱 적합한 말인 것 같아요.

나를 위한 요리도, 여럿을 위한 요리도 맛있고 멋있게 표현하고 싶습니다. 무엇보다 나의 소중한 '한 끼'를 좀 더 건강하고 아름답게 즐기는 것은 제 삶의 즐거움입니다.

어쩌면 제가 요리 전문가가 아니어서 용감하게 나만의 레시피와 플레이팅을 공유하는 것일 수도 있겠습니다. 장 앙텔므 브리야 사바랭도 요리사가 아닌 법률가였기에 《미식 예찬》을 내기까지 많이 주저했다고 합니다. 하지만 이 책은 세기에 걸친 훌륭한 고전이 되었지요. 물론 저의 책이 《미식 예찬》에 비견할 바는 못 되겠지만, 저 또한 그의 말에 힘을 얻어 용기를 내어 봅니다.

이 책에 나오는 모든 장소는 제가 살고 있는 집이며 모든 촬영 역시 직접 했습니다. 정성껏 음식을 만들고 테이블 세팅까지, 손님을 맞이하듯 독자님들을 집으로 초대하는 마음으로 준비했습니다.

그럼 오늘도 맛있고 멋있게 보내세요

르쁠라 박민지

HEERUP
18Nov
CHABLIS

Table of Contents

Chapter 1

채소가 메인인 요리

일 년 내내 다이어트 하는 친구와
채식하는 외국인 친구를 위한 메뉴

Chapter 2

고기가 메인인 요리

고기가 없으면 허전해 하는
친구들을 위한 메뉴

Chapter 3

실패가 없는 요리

입맛을 파악할 수 없는
누군가를 위한 메뉴

Chapter 4
퇴근 후 저녁 요리

건강하지만 맛있게
간단하지만 멋있게
나와 가족을 위한 메뉴

Chapter 5
토요일은 브런치

파리에서 맞는
근사한 아침을 상상하며,
너와 나를 위한 메뉴

밤 수프와 발사믹 버섯 구이
양송이 카르파치오
펜넬 오렌지 샐러드
시금치 리코타
왕소라 모양 파스타
미니 당근 구이
호박테린과 순두부 수프
루꼴라 귤 샐러드
대파 비네그레뜨
프랑스식 달걀찜
가지 그라탱
아티초크 구이
로마네스코 브로콜리
카나페

Chestnut Soup with Grilled Balsamic Mushrooms
Mushroom Carpaccio
Fennel and Orange Salad
Conchiglie with Spinach and Ricotta
Roasted Baby Carrots
Zucchini Terrine and Soonduboo Soup
Arugula Salad with Tangerine
Green Onion Vinaigrette
French Steamed Eggs
Eggplant Gratin
Baked Artichoke
Romanesco Broccoli
Canapé

Chapter 1

채소가 메인인 요리

일 년 내내 다이어트 하는 친구와
채식하는 외국인 친구를 위한 메뉴

2018

밤 수프와 발사믹 버섯 구이

Chestnut Soup with Grilled Balsamic Mushrooms

요즘 발사믹 하나 정도는 집에 다 가지고 계실 거예요. 저는 빈티지가 다른 발사믹 두, 세 종류와 화이트 발사믹 정도는 늘 부엌에 갖추고 있는 편이에요. 화이트 발사믹은 맛이 상큼하고 재료의 컬러를 유지해 줘서 과일이나 샐러드를 만들 때 사용합니다. 빈티지가 오래된, 쉽게 말해 고가인 발사믹은 샐러드나 디저트 위에 뿌려 먹기에 적합합니다. 반면, 적당한 가격의 발사믹은 다양한 요리의 양념으로 활용합니다. 발사믹의 맛은 우리로 치면 잘 숙성된 간장과 비슷해서 야채, 고기, 생선까지 다양하게 양념으로 사용할 수 있어요. 반짝이는 브라운 컬러는 전체적인 대비를 이루어 플레이팅의 균형을 잡아 줍니다.

버섯에 발사믹 소스를 넣고 구운 것을 밤 수프 위에 올려 프렌치 파인 다이닝처럼 만들어 봤어요. 고기나 생선이 들어가지 않아도 맛과 영양 풍부해서 충분히 메인 요리로 즐길만 합니다.

Ingredients

- to serve 2 -

밤 수프

밤 200g
샬롯 1개
샐러리 1줄기
생크림 100ml
코냑 약간
소금, 후추 약간

발사믹 버섯 구이

송이버섯 6개
발사믹 2큰술
꿀 1큰술
샬롯 1개
다진 마늘, 소금, 후추 약간
챠빌, 타라곤, 딜 가니쉬

1
2
3
4
5
6

SCAN ME

Directions

| 밤 수프 |

1 샬롯 1개와 샐러리 1줄기를 잘게 썰어 소스 팬에 넣고 올리브 오일에 볶아 주세요.

2 소스 팬에 밤을 넣어 갈색 컬러가 나올 때까지 볶다가 소금 한 꼬집과 후추를 넣어 주세요. 코냑을 넣어 향을 내고 물 200ml를 넣은 뒤 밤이 익을 때까지 끓여 주세요.

3 익은 밤 몇알 가니쉬로 쓸 예정 을 꺼내 두고 나머지는 핸드 믹서로 갈다가, 생크림 100ml를 넣고 마저 갈아 주세요.

| 발사믹 버섯 구이 |

4 송이버섯은 깨끗하게 씻어 끝부분을 연필 깎듯이 돌려 깎아 주시고, 샬롯 1개는 잘게 썰어 주세요.

5 팬에 올리브 오일을 두르고 예열한 뒤 샬롯을 넣고 볶아 주세요. 샬롯이 어느 정도 익으면 버섯과 소금 한 꼬집을 넣어 줍니다. 여기에 발사믹 2큰술, 꿀 1큰술, 후추와 다진 마늘을 넣고 마저 볶아 주세요.

6 오목한 접시에 밤 수프를 담고 송이버섯을 위에 올립니다. 꺼내 두었던 밤도 같이 올려 주세요. 챠빌과 타라곤, 딜로 장식을 합니다.

Plating Tip

자연산 송이버섯은 너무 굵지 않은 것을 구입하시는 것이 좋아요. 만약 다른 종류의 버섯으로 요리한다면 플레이팅할 그릇 사이즈를 감안해서 구매해 주세요.

양송이 카르파치오

Mushroom Carpaccio

흔히 카르파치오란 소고기를 얇은 두께로 썰어 접시에 넓게 깔아 먹는 전채 요리를 의미합니다. 그러나 소고기 대신 양송이로도 훌륭한 맛을 낼 수 있습니다. 실제로 프랑스 요리에서는 양송이를 얇게 썰어 전채 요리에 많이 활용합니다.

신선한 양송이는 굽거나 볶지 않고 생으로 먹어도 상상하는 것 이상으로 맛있습니다. 무엇보다 우리 주변에서 쉽게 구할 수 있고, 여러 가지 재료를 사용하지 않고도 양송이 하나만으로 근사한 요리를 할 수 있지요. 양송이 자체가 향이 세지는 않지만, 아삭한 식감이 있어 씹을수록 버섯 특유의 향이 잘 살아납니다. 이렇게 하나의 재료에 집중한 요리는 재료가 가진 고유한 맛을 온전히 느낄 수 있어 개인적으로 아주 좋아합니다. 채식을 선호하는 친구들도 분명 좋아할 거예요.

Ingredients

- to serve 2 -

양송이 버섯 15개
크림 치즈 약간
그라나 파다노 치즈 약간
레몬즙 1큰술
레몬 제스트 약간
화이트 발사믹 1큰술
소금 1/2작은술
후추 약간
타라곤 약간
챠빌 약간
페페론치노 1-2개

Paysan Breton
Le Fromage Fouetté
Madame Loïk
NATURE AU SEL DE GUÉRANDE

1
1
2
3
4
6

Directions

1 양송이는 꼭지를 따고, 물기를 제거한 후 얇게 썰어 주세요.

2 타라곤, 차빌, 페페론치노를 잘게 썰어 주세요.

3 레몬즙 1큰술, 화이트 발사믹 1큰술, 소금 1/2작은술, 후추를 넣고 잘 섞어 소스를 만들어 둡니다.

4 접시에 양송이를 얇게 깔아 줍니다. 그리고 3번 소스를 뿌리고 크림 치즈를 조금씩 떠서 올려 주세요. 2번도 조금씩 뿌려 주세요.

5 접시에 한 번 더 양송이를 깔고 3번 소스를 조금씩 뿌려 줍니다.

6 다시 크림 치즈를 조금씩 떠서 올려 주세요. 그다음 그라나 파다노 치즈를 갈아서 올리고 레몬 제스트도 뿌려 주세요.

Plating Tip

양송이는 썰어 놓으면 갈변이 시작됩니다. 바로 만들어 먹는 편이 가장 좋지만, 미리 만들어 두었다면 랩을 씌워 갈변을 막을 수 있어요. 뽀얗고 보슬보슬하게 연출해 보세요.

펜넬 오렌지 샐러드

Fennel and Orange Salad

펜넬을 처음 먹었던 곳은 파리의 레스토랑이었습니다. 통째로 구운 펜넬을 화이트 와인과 맛있게 먹었던 기억이 있습니다. 이후 펜넬이라는 채소에 익숙해져서 생으로 먹거나 굽는 등 다양한 조리법을 알게 되었어요.

펜넬에서는 회향이라는 독특한 향이 납니다. 그 향기는 꽤 상쾌하고 달짝지근하지요. 누군가는 화장품 냄새가 난다고도 하더군요. 실제로 화장품의 재료로 사용되기도 하고, 씨앗은 약재로도 사용되어 그 쓰임이 매우 다양합니다. 이처럼 펜넬은 여러 나라에서 다양한 용도로 즐겨 먹는 채소입니다. 펜넬은 삶거나 구워서 고기나 생선과 함께 먹기도 하고, 샐러드로 먹기도 합니다. 펜넬의 잎은 딜과 비슷하지만 좀 더 힘이 있습니다. 또한 잎에서도 펜넬 자체의 상큼하고 시원한 향이 나서 맛도 좋을 뿐 아니라 장식용으로도 매우 좋습니다.

속이 단단하고 알이 굵은 펜넬은 얇게 썰어서 샐러드를 만들기에 좋습니다. 제가 구입한 펜넬은 알이 작고 성글었어요. 게다가 맛을 보니 약간 뻣뻣한 식감이 있어서 굵직하게 썰고 살짝 구웠습니다. 뻣뻣한 야채는 구우면 좀 더 부드러워지니까요. 같은 채소라도 구입한 시기와 상태에 따라 조리법을 조금씩 달리하는 것을 추천드려요.

Ingredients

- to serve 2 -

펜넬 2줄기
오렌지 1개
홀그레인 머스터드 1큰술
올리브 오일 3큰술
레몬즙 3큰술
소금 약간
후추 약간
꿀 1/2큰술
견과류 약간

LA TOURANGELLE
ARTISAN MADE
ORGANIC
EXTRA VIRGIN
OLIVE OIL
HUILE D'OLIVE EXTRA VIERGE
COLD PRESSED | EARLY HARVEST
Bright, peppery finish
25.4 FL OZ (750mL)
MEL AMB
Propolis
Alemany

1

2

3

4

6

6

Directions

1 펜넬을 1cm 간격으로 자르고, 팬에 올리브 오일을 조금만 둘러 닦아낸 다음 노릇하게 구워 주세요.

2 오렌지는 반으로 잘라 과육을 파내고, 나머지는 오렌지 제스트로 남겨 두세요.

3 견과류는 절구에 빻아 둡니다.

4 홀그레인 머스터드 1큰술, 올리브 오일 3큰술, 레몬즙 3큰술, 소금, 후추, 꿀 1/2큰술을 잘 섞어 소스를 만듭니다.

5 플레이팅할 접시에 구운 펜넬과 오렌지 과육을 얹고 견과류를 조금 뿌린 다음, 만들어 둔 4번 소스를 끼얹어 줍니다.

6 펜넬의 잎사귀로 장식을 하고 오렌지 껍질을 갈아 올려서 마무리합니다.

Plating Tip

머스터드는 씹는 맛이 있어야 좋습니다. 입자가 보이는 홀그레인 머스터드가 적합해요.
오렌지 제스트는 꼭 마지막에 갈아서 뿌려 주세요. 그래야 색감이 살아납니다.

CHABLIS

시금치 리코타 왕소라 모양 파스타

Conchiglioni with Spinach and Ricotta

커다란 소라 같은 모양의 콘킬리오니Conchiglioni는 그 모양도 특별하지만 우리가 즐겨 먹는 만두처럼 속에 다양한 재료를 넣어 요리할 수 있다는 장점이 있습니다. 커다란 소라 모양 속에 원하는 재료를 넣고 소스를 뿌려 오븐에 구워내는 것이 가장 전형적인 방식입니다.

소라 모양Conch의 파스타는 크기에 따라 불리는 이름이 다르니 구별해 사용하면 좋습니다. 작은 사이즈는 콘킬리에테Conchigliette, 중간 사이즈는 콘킬리에Conchiglie, 큰사이즈는 콘킬리오니Conchiglioni라고 합니다. 어떤 크기의 파스타든 소스가 조개 모양 깊숙이 잘 베이는 특징이 있습니다.

시금치나 푸른 채소를 데쳐서 리코타 치즈와 잘 버무린 뒤 속을 채워 넣고, 그 위에 토마토 소스를 부으면 고기가 들어가지 않아도 풍부한 맛을 느낄 수 있습니다. 어떤 재료든지 넣어서 요리할 수 있는 콘킬리오니로 다양한 오븐 파스타를 만들어 보세요.

Ingredients

- to serve 3~4 -

콘킬리에 18개
리코타 치즈 200g
시금치 1단
그라나 파다노 치즈 약간
홀 토마토 캔 1통[400g]
오레가노 약간
후추 약간
소금 약간
다진 마늘 1큰술
올리브 오일 취향껏

Molinillo
TRADICION

1

3

4

5

6

7

Directions

1 물 2리터에 소금 2큰술을 넣고 시금치 1단을 데쳐 주세요. 색이 푸르게 변하고 숨이 죽으면 찬물에 빠르게 헹궈 물기를 짭니다.

2 시금치 삶은 물에 콘킬리에를 삶아 주세요. 제품 삶는 법의 알 덴테보다 3분 전에 물에서 건져 주세요. 오븐에 넣어서 익힐 예정이므로 완전히 익힐 필요가 없습니다.

3 시금치를 잘게 썰고, 리코타 치즈 200g과 소금 1큰술, 후추 약간을 넣고 잘 버무려 콘킬리에 속을 만들어 주세요.

4 삶은 콘킬리에에 3번 속을 채워 주세요.

5 오븐에 들어갈 팬에 올리브 오일을 두르고, 마늘 1큰술을 넣어 볶다가 홀 토마토 캔 1통을 붓고 오레가노 조금, 소금 1큰술을 넣고 끓여 주세요.

6 속이 채워진 콘킬리에를 토마토 소스 위에 가지런히 놓고 그라나 파다노 치즈를 뿌려 줍니다.

7 180도 오븐에서 20분간 구워 주세요.

Plating Tip

콘킬리오니 파스타는 속을 가득 채워 만들어야 먹음직스럽고 보기 좋아요. 토마토 소스는 아래에 충분히 깔려 있어야 합니다. 그래야 속은 촉촉하고, 윗부분은 알 덴테의 식감이 가득한 파스타를 만들 수 있어요.

미니
당근 구이

Baked
Baby Carrots

건강에도 좋고 맛도 좋은 당근을 먹는 방법은 다양합니다. 주로 요리의 부재료로 쓰이지만 요즘은 당근 라페를 만들어 먹는 분들도 많죠. 당근 라페가 사이드 메뉴로 내기에 좋은 것처럼 당근 구이 역시 무엇보다도 훌륭한 사이드 메뉴가 됩니다. 게다가 마리네이드가 잘 된 상태로 구운 당근은 그 이상의 풍미가 느껴지기도 합니다. 고기 메뉴의 사이드나 간단하게 먹는 브런치 메뉴에 곁들어도 좋습니다.

Ingredients

- to serve 2 -

미니 당근 12~13개
올리브 오일 4큰술
홀그레인 머스터드 1큰술
레몬즙 3큰술
레몬 제스트 약간
다진 마늘 1큰술
꿀 1큰술
소금 1/2큰술
후추 약간
사워 크림 2큰술

1
2
3
4

Directions

1 올리브 오일 4큰술, 홀그레인 머스터드 1큰술, 레몬즙 3큰술, 레몬 제스트, 다진 마늘 1큰술, 꿀 1큰술, 소금 1/2큰술을 잘 섞어 양념을 만들어 둡니다.

2 만들어 둔 양념을 미니 당근에 고루고루 잘 바르고, 후추도 뿌려 주세요.

3 이태리 파슬리나 타라곤 같은 허브가 있으면 뜯어서 군데군데 자연스럽게 뿌려 주세요.

4 오븐 180도에서 30분간 구워 주세요. 굽는 중간에 한번 뒤집어 주세요.

5 사워 크림과 함께 먹어도 맛있습니다.

Plating Tip

미니 당근은 깨끗이 씻어 주세요. 손질할 때 꼭지의 2-3cm은 남겨야 좀 더 러프한 플레이팅을 할 수 있습니다. 당근의 잎사귀도 장식용 허브로 이용해 볼까요?

호박테린과 순두부 수프

Zucchini Terrine and Soonduboo Soup

테린이란 고기나 내장을 으깨 틀에 넣고 굳혀 잘라 먹는 프랑스 요리로 우리나라의 편육과 매우 비슷합니다. 요즘은 채식이 유행하면서 채소만으로 테린을 만들기도 하죠. 물론 전통 방식과는 다르지만, 틀에 넣어 익혀 먹는 방식이 같기에 이 역시도 테린이라고 부릅니다. 저도 구하기 쉬운 호박으로 최대한 간단하지만 섬세한 맛을 내는 호박테린을 만들어 봤어요. 최소한의 조미료와 양념으로 호박 자체의 단맛을 살리고, 부드러운 순두부 수프를 곁들여 메인 요리의 느낌을 만들어 주는 것이죠.

건강함은 재료의 신선함과 단순함이 조화를 이룰 때 드러납니다. 프랑스 쉐프 조엘 호부숑 Joël Robuchon 이 '최고는 단순할 때가 많다 Le meilleur est souvent plus simple '라고 말 한적이 있죠. 너무 많은 재료를 사용하거나 재료의 고유한 맛을 해치는 강한 조미료는 음식 본연의 맛을 느끼지 못하게 합니다. 그리고 우리는 그런 습관으로 인해 더 강하고 자극적인 맛을 찾게 됩니다.

호박을 감싸는 용도인 근대는 잎이 큰 것으로 골라 주세요. 잘 감쌀 수 있는 것이라면 근대 대신 호박잎 같은 다른 잎채소로도 대체할 수 있습니다.

Ingredients

- to serve 2 -

호박테린

애호박 1개
근대 10장
다진 마늘 2작은술
옥수수 전분 1큰술
소금 약간
후추 약간

순두부 수프

순두부 1/2개
생크림 30ml
우유 100ml
소금 약간

The Cream

1

1

3

6

Directions

1 호박을 얇게 슬라이스하고 소금과 후추를 뿌려 주세요. 다진 마늘 2작은술도 사이사이에 발라 줍니다.

2 끓는 물에 삶은 근대를 틀에 깔아 주세요. 호박 슬라이스를 중간에 넣고 옥수수 전분도 사이사이에 뿌려 줍니다. 삶은 근대로 겉을 잘 감싸 찜기에서 15분만 삶아 주세요.

3 찜기에서 꺼낸 호박테린을 3cm 두께로 잘라 주세요.

4 순두부 1/2개와 생크림 30ml, 우유100ml를 냄비에 넣고 끓여 주세요.

5 끓인 순두부를 핸드 믹서로 갈아 주세요. 소금 간은 이때 해줍니다. 잠깐! 끓일 때 소금을 넣으면 두부가 분리되니 주의하세요!

6 오목한 스프볼에 호박테린을 놓고 순두부 수프를 부어 플레이팅 합니다.

Plating Tip

순두부 수프는 먹기 전에 바로 부어 먹는 것이 보기도 좋고 맛도 훨씬 좋습니다. 만약 순두부 수프가 분리되었다면 핸드 믹서로 다시 갈아 주면 됩니다.

루꼴라 귤 샐러드

Arugula Salad with Tangerine

루꼴라는 약간 쌉싸름한 맛이 나는 동시에 씹을수록 고소한 맛이 나죠. 사실 우리나라에도 비슷한 맛의 야채가 많은데 그중 갓, 열무 등의 맛이 정말 흡사합니다. 다만, 우리가 열무나 갓으로 샐러드를 만들어 먹지 않아서 생소할 뿐이죠. 채소 시장에 갔다가 갓꽃 한 다발을 샀는데 꽃꽂이를 할만큼 예쁩니다. 화병에 꽂아 둔 갓꽃으로 샐러드를 만들 수도 있고, 꽃을 잘라 장식도 가능합니다. 화병을 시원한 곳에 두면 일주일 이상 예쁜 꽃과 더불어 싱싱한 맛까지 즐길 수 있답니다.

푸른 잎사귀 샐러드는 허니 비네그레뜨 소스와 함께 먹으면 쌉싸름한 맛을 꿀의 단맛으로 중화할 수 있고, 소스의 맛이 단조로움을 없애 줍니다. 이번 샐러드는 말린 제주도 귤로 장식하고 귤즙을 넣어 봤어요. 꼭 귤이 아니더라도 오렌지, 레몬, 자몽 등 시트러스한 과일의 즙을 시기에 따라 활용해 보세요. 상큼함이 배가 될 거예요.

Ingredients

- to serve 2 -

루꼴라 100g
갓 30g
말린 귤 약간
귤 1개
꿀 1작은술
화이트 발사믹 2작은술
올리브 오일 3작은술
소금 1/4 작은술
후추 약간
샬롯 1개
견과류 약간
그라나 파다노 치즈 취향껏

1
2
3
4
5
6

Directions

| 허니 비네그레뜨 소스 |

1 샬롯 1개를 잘게 썰어 둡니다.

2 귤 1개는 즙을 냅니다.

3 1, 2번과 함께 꿀 1작은술, 화이트 발사믹 2작은술, 올리브 오일 3작은술, 소금 1/4작은술, 후추 약간을 넣고 잘 섞어 주세요.

| 샐러드 플레이팅 |

4 샐러드를 담을 접시에 루꼴라와 갓을 올려 주고 허니 비네그레뜨 소스를 끼얹은 다음 그라나 파다노 치즈도 뿌려 줍니다.

5 말린 귤이 있다면 산뜻하게 여기저기 올려 두고, 견과류도 뿌려 줍니다.

6 갓꽃도 잘라 장식합니다.

Plating Tip

갓꽃을 구하기 어렵다면 식용꽃으로 대체하면 되고 꽃 컬러에 맞춰 과일을 바꾸면 톤온톤으로 플레이팅이 잘 완성됩니다.

대파
비네그레뜨

Green Onion Vinaigrette

제가 파리에서 유학할 때 날씬한 프랑스 친구가 대파를 삶아서 먹는 걸 봤어요. 그 친구는 모든 야채를 삶은 뒤 화이트 식초나 머스터드에 곁들여 먹더군요. 그걸 보고 저래서 날씬하구나 하고 생각한 적이 있었죠. 우리나라도 쪽파를 삶아서 초장에 찍어 먹는 요리가 있지만, 프랑스 대파는 정말 뻣뻣해서 못 먹을 것 같은 비주얼이거든요. 우리나라의 대파는 좀 더 부드럽고 단맛과 아린맛이 나서 오랫동안 푹 삶을 필요는 없습니다.

사실 이 레시피는 그 친구의 레시피는 아닙니다. 다양한 레시피를 참고해서 그중 맛있는 비율을 찾아낸 것입니다. 그 마른 친구의 대파 요리는 먹고 싶은 비주얼이 아니었거든요. 아무리 날씬한 몸이 중요해도 맛과 비주얼은 포기할 수 없습니다. 혹시 혹독한 다이어트 중이라면 비네그레뜨 소스에 들어간 꿀은 빼도 됩니다. 물론 단맛을 좋아하면 좀 더 추가해도 좋습니다.

Ingredients

- to serve 2 -

대파 흰 부분 5줄기
달걀 2개
화이트 발사믹 2큰술
레몬즙 1큰술
홀그레인 머스터드 2큰술
올리브 오일 4큰술
꿀 1/2큰술
소금 1/2작은술
후추 약간
이태리 파슬리 1줄기
타라곤 1줄기

Dehesa Molinillo
TRADICIÓN
Aceite de Oliva Virgen Extra
CORNICABRA
CG
Wedderspoon
RAW MULTIFLORAL MANUKA HONEY
KFACTOR 12
PRODUCT OF NEW ZEALAND
NET WEIGHT 12 OZ (340 g)

1

1

2

3

4

5

Directions

| 비네그레뜨 소스 만들기 |

1 비네그레뜨 소스는 화이트 발사믹 2큰술, 레몬즙 1큰술, 홀그레인 머스터드 2큰술, 올리브 오일 4큰술, 꿀 1/2큰술, 소금 1/2작은술, 후추를 뿌려서 섞어 주세요.

| 샐러드 플레이팅 |

2 대파의 흰 부분과 달걀 2개를 15분간 삶아 주세요.

3 달걀은 흰자와 노른자를 나눠서 분리하고, 이태리 파슬리는 잘게 잘라 두세요.

4 접시에 대파를 두고 비네그레뜨 소스를 끼얹은 뒤 흰자를 뿌려 주세요.

5 노른자는 체에 걸러서 뿌려 주세요. 타라곤과 이태리 파슬리로 장식하면 완성입니다.

Plating Tip

이 요리의 가장 장식적인 효과는 달걀입니다. 흰자는 대충 굵게 손으로 쪼개고 노른자는 반드시 마지막에 체로 갈아 주어야 미모사 꽃망울처럼 화사합니다.

프랑스식 달걀찜

French Steamed Eggs
Oeuf cocotte

우리나라의 달걀찜은 재료가 간단하고 요리하기도 간편해서 밥과 함께 부드럽게 먹을 수 있는 대표적인 반찬이죠. 마찬가지로 '외프 코코뜨 Oeuf Cocotte' 역시 쉽고 빠르게 준비할 수 있는 프랑스 가정식입니다. 보통 중탕으로 라메킨 Ramekin: 작고 둥근 베이킹 접시 에 담아 찜기나 오븐에서 익히는 것이 특징입니다. 식감이 부드러워서 빵과 함께 곁들이면 스타터로 매우 훌륭하죠.

누구나 냉장고에 남은 야채와 달걀, 생크림만 있다면 프랑스 요리 하나를 뚝딱 만들 수 있어요. 참고로 달걀 노른자는 완전히 익힌 것 보다 흘러내리 듯 덜 익은 것이 알맞은 상태입니다. 하지만 익힘의 정도는 취향껏 요리하시면 됩니다.

Ingredients

- to serve 1 -

달걀 2개
생크림 50ml
콜리플라워 1/2송이
영양부추 약간
챠빌 약간
샬롯 1/2개
후추 약간
버터 약간
소금 1/2작은술

Creme
Dual
COOKING & WHIPPING BASE
HEAT STABLE
ACID STABLE
STABLE RESULT
WITH VEGETABLE FAT

1
2
3
6
5

Directions

1 콜리플라워 작은 덩어리를 0.5cm 간격으로 자르고, 샬롯 1/2개도 잘게 썰어 주세요.

2 올리브 오일을 두르고 달군 팬에서 샬롯과 샐러리를 넣고 볶다가 콜리플라워를 넣고 마저 볶아 주세요.

3 볶다가 소금과 후추 그리고 생크림 50ml을 넣어 주세요. 끓어오르면 불을 끄세요.

4 오븐에 들어갈 용기에 3번을 붓고 달걀 2개도 깨서 넣어 주세요. 영양부추와 챠빌을 약간 뿌립니다.

5 좀 더 큰 그릇에 4번을 넣고 끓는 물을 부어서 오븐에 넣어 주세요. 오븐에서 중탕으로 익히거나 찜기에서 익혀도 됩니다.

6 160도로 예열된 오븐에서 15분 정도 익혀 주세요. 흰자는 완전히 익고 노른자는 흐르는 상태가 적당합니다.

7 구운 토스트나 바게트와 함께 먹으면 맛이 좋습니다.

Plating Tip

완성됐을 때 깔끔하고 먹음직스러워 보이려면 노른자 부분이 잘 보여야 합니다. 가능한 노른자 쪽에 소스가 묻지 않도록 하고, 흰자 쪽으로 소스와 야채를 올려 주세요.

가지 그라탱

Eggplant Gratin

가지는 구워도 삶아도 맛있는 야채입니다. 이탈리아에는 튀긴 가지를 켜켜이 깔고 토마토 소스와 모짜렐라를 올려서 오븐에 구운 멜란자네 Parmigiana di melanzane 라고 하는 요리가 있어요. 제가 만든 요리는 멜란자네와 비슷한 느낌이지만, 가지를 튀기지 않고 속을 파내어 토마토 소스와 퀴노아로 채웠다는 점이 다릅니다. 튀긴 가지가 정말 고소하기는 하지만 구운 가지로 하면 좀 더 건강하고 적은 칼로리로 비슷한 맛을 느낄 수 있어 더욱 좋습니다. 우리나라 가지는 가늘고 길어서 작은 쿠키 커터로 속을 파내기 쉬울 것 같아 만들어 봤습니다. 이렇게 만들면 플레이팅이 돋보일 뿐만 아니라 한 덩어리씩 덜어서 먹기에도 편리합니다.

Ingredients

- to serve 2 -

가지 4개
양파 1/4개
다진 토마토 캔 1통[400g]
퀴노아 100g
모짜렐라 100g
통마늘 3알
그뤼에르 치즈 약간
타임 3줄기
페페론치노 2개
빼빼로 고추 2개
소금 1작은술

1
2
2
4
5
6

Directions

1 가지를 5-6cm로 자르고, 속을 쿠키 커터로 파내어 주세요. 가지의 크기에 맞춰 쿠키 커터로 잘라 주시면 됩니다.

2 파낸 가지 속과 양파 1/4개를 잘게 자르고 마늘 3개도 잘게 다져 주세요.

3 페페론치노와 빼빼로 고추도 잘게 다져 주세요

4 소테 펜에 올리브 오일을 둘러 주세요. 마늘과 양파를 볶다가 페페론치노, 빼빼로 고추, 다진 토마토 캔 1통을 넣고 퀴노아 100g과 함께 10분간 푹 끓입니다. 소금 1작은술로 간을 해주세요.

5 속을 파낸 가지 속에 4번을 꽉 채워 준 다음 모짜렐라 치즈를 가득 덮고 그뤼에르 치즈도 갈아서 덮어 주세요.

6 180도 오븐에서 30분간 노릇하게 구워 주세요.

Plating Tip

가지 속은 꽉 채워 주셔야 형태감이 유지 됩니다. 그리고 반으로 잘랐을 때 사진처럼 모양도 유지되고요. 봉긋하게 올라오도록 채워 주세요. 그래야 먹음직스러워 보입니다.

아티초크 구이

Roasted Artichokes

아티초크는 유럽에서 흔히 먹는 야채로 우리나라에서 사기는 쉽지 않죠. 아직은 국내에서 생산되지 않는 것 같아요. 가끔 유럽 야채를 수입하는 곳에 아티초크가 들어오면 구입하고는 해요. 보통 저는 굽거나 삶아서 많이 먹습니다. 먹는 부위는 아티초크의 중심 부위 정도이고 나머지는 먹지 못하는 부분이 많습니다. 유럽에서는 아티초크를 샐러드나 피자에 넣어 먹거나, 올리브 오일에 절인 상태로 많이 팔고 있어요. 파인 다이닝 레스토랑에서는 아티초크의 중심 부분만 도려내서 요리를 만들기도 합니다. 그 맛은 감자나 고구마 같기도 하고 약간 죽순 같기도 합니다.

아티초크 손질은 생각보다 어렵지 않아요. 과감하게 자르고 레몬으로 갈변만 막아 주면 됩니다. 프라이팬에서 완성되는 아티초크 구이는 풍미가 정말 좋아요. 천천히 구워진 아티초크는 어떤 야채 요리보다도 그윽한 향을 품고 있습니다.

Ingredients

- to serve 2 -

아티초크 1개
레몬 1/4개
버터 40g
꼬냑 50ml
이태리 파슬리 2줄기
타임 2줄기
다진 마늘 2작은술
양파 1/2개
소금 1/2 작은술
올리브 오일 취향껏

1
2
3
4
5
6

Directions

1 아티초크를 자르고 줄기 부분은 채칼로 깨끗하게 정리합니다.

2 뾰족한 잎사귀 부분은 가위로 잘 정리해 주세요.

3 아티초크의 중심 부위의 털은 스푼을 이용해서 깨끗하게 파내어 주세요.

4 잘린 모든 단면에 레몬즙을 발라 주세요.

5 팬에 올리브 오일을 두르고, 버터 40g을 넣은 뒤 다진 양파 반개와 다진 마늘, 이태리 파슬리를 아주 약한 불에서 볶아 주세요. 이때 타임 2줄기도 넣어 주세요.

6 레몬 껍질과 레몬즙, 아티초크, 코냑 50ml를 넣어 주세요. 이때 소금 1/2작은술도 함께 넣어 주세요. 뚜껑을 닫고 앞뒤로 20분씩 천천히 구워 주세요.

Plating Tip

아티초크는 먹을 수 있는 부분이 적은 야채라서 사실 먹는 부위만 잘라서 플레이팅을 하면 양도 너무 적고 초라해 보일 수 있어요. 이 요리는 아티초크가 메인인 요리로 잎사귀를 크게 남겨서 존재감을 주었습니다.

로마네스코
브로콜리 카나페

Romanesco
Broccoli Canapé

마트에서 새로운 야채를 보면 무조건 구매합니다. 요즘 우리나라에는 없는 야채가 없죠. 뾰족뾰족하고 각진 원뿔 모양이 나선형으로 패턴을 이루는 양배추과의 이 야채는 로마네스코 브로콜리, 로마네스코 콜리플라워, 프랙탈 브로콜리, 로만 콜리플라워 등 다양한 이름으로 불립니다. 중앙의 단면을 자르면 크리마스 트리 같기도 한 로마네스코 브로콜리는 특별한 모양을 살려 요리를 하기에 좋은 재료입니다. 브로콜리나 콜리플라워 보다 좀 더 아삭한 식감에 은은한 단맛이 느껴집니다. 송이 부분은 잘 살려 잘라놓고 영양이 풍부한 줄기 부분은 삶아 주세요.

핑거 푸드 아래를 받쳐줄 크래커는 식빵을 이용해 보세요. 밀대로 잘 밀고 토스트기에 바싹 여러 번 구워 주면 핑거 푸드용 크래커를 따로 구매할 필요가 없어요.

Ingredients

- to serve 2 -

로마네스코 브로콜리 1송이
감자 1알
양파 1/4쪽
사워 크림 2큰술
홀그레인 머스터드 1큰술
소금 1/2작은술
후추 약간
오이 피클 2개
롱고추 4개
이태리 파슬리 1줄기
통밀 식빵 3장
콩테 치즈 취향껏

2

3

4

5

6

6

Directions

1 로마네스코 브로콜리는 줄기와 송이를 분리해 주세요.

2 감자는 굵게 자른 후 로마네스코 브로콜리 줄기와 함께 삶아 주세요.

3 로마네스코 브로콜리의 송이는 소금 1큰술을 넣은 끓는 물에서 약 1분간 데쳐 주세요.

4 양파 1/4쪽, 오이 피클, 롱고추를 잘게 썰어 주세요. 여기에 홀그레인 머스터드 1큰술, 사워 크림 2큰술, 소금 1/2작은술과 후추를 넣고 잘 섞어 줍니다. 삶은 감자와 로마네스코 브로콜리의 줄기는 프레스기에 내려 함께 섞으면 됩니다.

5 식빵 가장자리를 자르고 밀대로 얇게 민 다음 토스기에서 두번 정도 구워 주세요. 바삭하게 구워지면 4등분으로 잘라 주세요.

6 토스트 위에 4번을 1큰술 떠서 바르고, 로마네스코 브로콜리 송이를 위에 올린 후 콩테 치즈를 갈아 주세요.

Plating Tip

위에 올릴 로마네스코 송이의 크기에 맞춰 식빵을 자르는 것이 좋아요. 그리고 재료의 컬러는 그린 계열로 맞추면 고급스러운 느낌이 듭니다.

프랑스식 아귀찜
발사믹 통양파 돼지고기
오렌지 소스 통구이 치킨
대구 스테이크 홍합 크림소스
굴 튀김과 타르타르 소스
흑맥주 삼겹살 구이
성게알 단새우 카나페
스테이크 플래터와
세 가지 소스

French Monkfish Stew
Balsamic-Baked Pork And Onions
Roasted Chicken with Orange Sauce
Cod Steak with Mussels Cream Sauce
Crispy Fried Oysters with Tartar Sauce
Dark Beer Glazed Roast Pork Belly
Sea Urchin and Shrimp Canape
Steak Platter with Three Sauces

Chapter 2

고기가 메인인 요리

고기가 없으면 허전해 하는
친구들을 위한 메뉴

2016
CHATEAU
BORDEAUX

de Buyer
MADE IN FRANCE

프랑스식 아귀찜

French Monkfish Stew

아귀찜인데 프랑스식입니다. 우리나라 매운탕과 비교하면 고춧가루 대신 토마토를 듬뿍 넣어 만들었다는 점이 다릅니다. 아귀를 프라이팬에 한 번 구운 뒤 끓여내는 조리 방식도 다르죠. 토마토를 넣고 푹 끓이다 보면 매운탕처럼 시원한 맛이 느껴져서 밥과 잘 어울립니다. 부드러운 맛을 원한다면 마지막에 크림을 조금 넣어도 됩니다. 저는 깔끔하고 시원한 맛을 위해 넣지 않았어요.

아르모리깽 스타일은 프랑스 브르타뉴 북부의 코트 다르모Côtes D'armor 라는 지역 이름에서 유래하는데, 생선과 함께 토마토 소스를 넣고 푹 끓이는 스튜입니다. 빵과 함께 먹어도 어울리고 밥과 함께 먹어도 딱입니다. 시큼한 레몬밥과 함께 먹으면 더 잘 어울립니다.

Ingredients

- to serve 2 -

레몬밥

쌀 250g
샬롯 1개
통마늘 2알
레몬 1개
딜 3줄기
영양부추 약간

아귀찜 재료는 이어서 116p

Molí Coloma
LA BOELLA
ACEITE DE OLIVA
VIRGEN EXTRA

Ingredients

- to serve 2 -

아귀찜

아귀살 500g
아귀뼈 육수용
다진 토마토 캔 1통[400g]
양파 1/2개
샐러리 2줄기
대파 1줄기
통마늘 3알
샬롯 1개
파프리카 가루 1큰술
딜 1줄기
타임 1줄기
코냑 20ml
소금 1큰술
밀가루 약간

DE CECCO
dal 1886
POLPA
A PEZZETTONI

2
3
4
5
6
7

SCAN ME

Directions

| 레몬밥 |

1 샬롯 1개, 통마늘 2알은 잘게 다지고, 레몬 1개는 즙을 내어 주세요. 딜과 영양부추는 잘게 썰어 주세요.

2 냄비에 올리브 오일을 두르고, 다진 마늘과 샬롯을 볶다가 투명해지면 쌀과 물 300ml넣고 밥을 지어 주세요.

3 밥에 레몬즙을 넣고 잘게 썬 딜과 영양부추를 추가해 섞어 주면 완성입니다.

| 프랑스식 아귀찜 |

4 아귀뼈와 머리 부분은 대파 1줄기, 양파 1/2개, 통마늘 3알, 타임 1줄기와 물 200ml를 넣고 끓여 주세요.

5 아귀살은 먼저 뼈를 잘 발라냅니다. 소금, 후추로 간을 하고 밀가루를 입힌 후 올리브 오일을 두른 팬에서 노릇하게 구워 주세요. 나중에 한번 더 끓일 것이므로 겉만 노릇하게 익힙니다.

6 프라이팬에 잘게 썬 샬롯 1개와 샐러리 2줄기를 넣고 볶아 줍니다. 야채가 투명해지면 5번의 육수를 떠서 넣어 주세요. 약 4국자 200ml정도 넣어 줍니다. 그리고 다진 토마토 캔 1통을 부어 끓여 줍니다. 이때 코냑 20ml를 넣고 함께 끓여 주세요.

7 국물이 되직해지면 5번 아귀살을 넣고 5분만 더 끓여 줍니다.

Plating Tip

아귀는 부드러운 생선이므로 밀가루를 입혀서 구워야 살이 부서지지 않습니다. 국물 위에 얹어만 두어도 속은 촉촉하게 익기 때문에 뒤적거리거나 섞지 않아도 됩니다.

발사믹 통양파 돼지고기

Balsamic-Baked Pork and Onions

정통 발사믹은 포도의 원액을 끓여 최소 12년 이상 숙성해 인증마크를 받은 것을 말합니다. 오묘한 향과 풍미가 뛰어나 그냥 먹어도 거부감이 없을 정도의 깊은 맛이 느껴집니다. 그래서 저는 이렇게 오래되고 비싼 발사믹은 샐러드나 아이스크림에 뿌려서 본연의 맛을 즐깁니다. 하지만 요리용으로는 적당한 가격의 발사믹을 다른 양념과 함께 섞어서 먹어요. 고기 요리할 때 사용하면 간단하면서 깊은 맛을 낼 수 있고 특히 돼지고기와 잘 어울립니다. 돼지 껍질이 붙은 다리살에 칼집을 내서 천천히 구우면 겉은 바삭하고 속은 촉촉한 바비큐가 됩니다.

Ingredients

- to serve 2 -

돼지고기 수육용 1kg
양파 5개
발사믹 6큰술
꿀 2큰술
다진 마늘 2작은술
홀그레인 머스터드 2큰술
소금 1작은술
후추 약간
버터 40g
로즈마리 1줄기
이태리 파슬리 1줄기

GRAN DEPOSITO
ACETO BALSAMICO
DI
GIUSEPPE GIUSTI
MODENA
CASA FONDATA NEL 1605
PREMIATA ALLE ESPOSIZIONI
ACETO BALSAMICO DI MODENA IGP

1
2
3
4
4
5

Directions

1 발사믹 6큰술, 꿀 2큰술, 다진 마늘 2작은술, 홀그레인 머스터드 2큰술, 소금 1작은술, 후추를 잘 섞어 주세요.

2 돼지고기 껍질에 칼집을 내주세요.

3 양파는 반으로 잘라 주세요.

4 오븐 용기에 버터를 먼저 바르고, 돼지고기와 양파를 넣은 후 그 위에 발사믹 소스를 발라 주세요

5 로즈마리와 이태리 파슬리를 뿌리고 180도 오븐에서 40분간 구워 주세요.

6 오븐에서 다시 꺼내 뒤집어서 발사믹 소스를 바른 후 30분간 다시 구워 주세요.

Plating Tip

통삼겹살이 맛있어 보이려면 껍질에 칼집을 깊이 내어서 소스를 꼼꼼하게 발라 주세요. 중간에 한번 더 소스를 발라야 바삭바삭해집니다. 양파의 뿌리 부분은 잘 씻어서 남겨 두세요. 그래야 익어도 분리되지 않고 통양파 그대로 형태감이 있어 먹음직스러워 보여요.

STAUB

오렌지 소스 통구이 치킨

Roasted Chicken with Orange Sauce

프랑스에서는 오리, 거위, 칠면조 등 다양한 가금류를 먹습니다. 미식가들이 먹는 특별한 요리 재료가 아니라 마트에서 부위별로 팔고 있는 흔한 고기라고 생각하시면 됩니다. 우리가 닭의 다양한 부위를 먹는 것처럼 프랑스에서 오리는 가슴살부터 간까지 안 먹는 부위가 없습니다. 저는 보통 프랑스에서 육류를 시킬 때 오리고기를 시킵니다. 소고기 스테이크가 한국보다는 저렴하지만 한우처럼 부드럽지 않고 퍽퍽한 경우가 대부분이기 때문에 오리 요리가 훨씬 나은 경우가 많습니다. 그중 오리 가슴살 스테이크를 오렌지 소스와 함께 먹는 요리가 유명합니다. 처음 먹었을 때 육류에서 상큼한 오렌지향이 나서 생각보다 신선하고 그 맛이 좋아 한동안 푹 빠져 있던 메뉴였어요. 우리나라에서도 오리 고기를 많이 먹긴 하지만 장을 볼 때 오리를 부위별로 사기는 쉽지가 않죠. 그래서 닭으로 바꿔서 응용했습니다.

누군가를 초대해 닭을 통구이로 대접한다면 푸짐하고 정성스러워 보이죠. 닭고기는 오렌지와 마늘, 허브로 속을 채워 오븐 속에 넣어 두고 그동안에 오렌지 소스를 만들어 보세요. 통구이가 부담스럽다면 닭가슴살 스테이크를 만들고 오렌지 소스와 함께 곁들어 먹어도 좋아요.

Ingredients

- to serve 2-3 -

닭고기 1.2kg
오렌지 4개
설탕 3큰술
화이트 발사믹 3큰술
통마늘 3알
버터 50g
미니 당근 5개
샬롯 2개
로즈마리 1줄기
타임 1줄기
소금 약간
후추 약간

1

2

3

4

5

6

Directions

1 생닭의 껍질 부분에 빗살 무늬로 칼집을 낸 다음 로즈마리 1줄기, 타임 1줄기, 통마늘 3알, 오렌지 1/2개를 굵직하게 썰어서 속을 채워 주세요. 그 위에 소금, 후추를 뿌려 간을 해줍니다.

2 오븐 용기에 랙을 깔고 1번을 올린 다음 올리브 오일을 발라 주세요. 예열된 오븐에서 180도로 1시간 정도 구워 주세요. 오븐의 성능과 닭의 크기에 따라 온도와 시간은 달라질 수 있습니다.

3 오렌지 1개의 껍질을 얇게 벗겨 가늘게 채 썰어 주세요. 오렌지 2개는 즙을 내고 나머지는 과육만 잘라 주세요.

4 소스 팬에 설탕 3큰술을 넣고 약불에서 천천히 녹여 주세요. 설탕이 다 녹으면 발사믹 3큰술을 넣고 끓입니다. 여기에 짜놓은 오렌지즙과 미리 썰어 둔 오렌지 껍질을 추가해 약불에서 졸여 주세요.

5 절반 정도 졸여지면 버터를 넣어가며 농도를 맞춰 주세요. 입맛에 맞게 소금 간을 해주세요.

6 미니 당근과 샬롯은 닭고기가 구워지기 15분 전에 넣어서 닭고기의 육즙으로 구워 주세요.

7 닭고기가 다 구워지면 플레이트에 오렌지 과육과 구워진 야채, 허브로 장식을 합니다. 오렌지 과육과 소스는 구운 고기와 함께 드세요.

Plating Tip

우리나라의 생닭은 삼계탕용이 많아서 큰 사이즈를 구하기가 쉽지는 않지만, 1kg 이상의 통으로 된 생닭으로 요리해야 먹음직스러워 보입니다. 또한, 오렌지 소스는 오렌지 본연의 컬러를 꼭 지켜서 만들어야 맛과 향, 컬러까지 보기 좋습니다.

대구 스테이크 홍합 크림 소스

Cod Steak with Mussels Cream Sauce

프랑스에서 적당한 레스토랑을 갔다면 저는 육고기보다는 생선을 시키는 편입니다. 레스토랑에 대한 확신이 없을 때는 차라리 흰살생선 요리를 주문합니다. 왜냐하면 생각보다 앙트르코트 Entrecôte 라고 적혀 있는 소고기 스테이크는 육질이나 맛도 그저 그런 편이 많거든요. 스테이크만큼은 검증된 곳에서 먹어야 맛있습니다.

반면에 버터구이로 만들거나 화이트 소스를 뿌린 흰살생선은 어디를 가나 무난한 편입니다. 홍합으로 육수를 내고 크림을 넣어 홍합 살과 함께 소스를 만들면 좀 더 깊은 맛을 낼 수 있지요. 더불어 홍합의 생생한 컬러를 포인트로 활용해 플레이팅 또한 멋있게 완성할 수 있습니다.

Ingredients

- to serve 3 -

대구 필렛 1덩어리
홍합 20개
샐러리 1줄기
샬롯 3개
통마늘 1알
올리브 오일 약간
라임 1/2개
타임 1줄기
화이트 와인 100ml
생크림 100ml
큐민 가루 약간
소금 약간
챠빌 약간

ORGANIC
EXTRA VIRGIN
OLIVE OIL
FIRST COLD PRESSED
100% ITALIAN
ORIGIN
PRODUCT OF ITALY

1
2
3
4
5
6

Directions

1 대구 필렛에 소금, 후추, 큐민 가루를 뿌려 주세요.

2 예열된 팬에 홍합과 타임을 넣고 화이트 와인 100ml를 넣은 뒤 뚜껑을 닫고 홍합이 입을 벌릴 때까지만 끓여 주세요.

3 홍합 살은 발라 내고 홍합을 삶은 물은 따로 둡니다.

4 마늘, 샐러리, 샬롯은 잘게 자른 후 올리브 오일을 두른 팬에서 투명해질 때까지 볶아 주세요. 홍합 삶은 물, 생크림 100ml를 넣고 끓이다 마지막에 홍합 살을 넣어 주세요. 참고로 홍합 살에서 충분히 짭잘한 국물이 나와서 소금 간은 필요 없습니다.

5 예열한 팬에 올리브 오일을 두르고 대구 필렛을 노릇하게 구워 주세요.

6 구운 대구를 적당한 크기로 잘라 오목한 접시에 놓고 홍합 소스를 부어 주세요. 챠빌 잎사귀로 장식합니다.

Plating Tip

대구 필렛을 플레이팅 할때는 스프볼이나 파스타볼이 적당합니다. 대구 필렛은 중앙에 두고 홍합 살은 몇 개만 보이도록 자리를 잡아 주세요. 주인공은 대구 필렛이니까요.

CHABLIS

SCOTLAND
CREATION OF
A CLASSIC

굴 튀김과 타르타르 소스

Crispy Fried Oysters with Tartar Sauce

맛으로 치면 생굴이 최고이기는 하지만, 굴은 계절과 싱싱함의 정도에 따라 생으로 먹기 힘들 수도 있습니다. 그럴 때 굴을 튀기면 안전하고 맛있게 먹을 수 있습니다. 뭘 튀겨도 맛있다고 하는데 굴도 튀기면 당연히 맛있겠죠. 누구나 아는 밀가루, 계란, 빵가루를 묻혀 바삭하게 튀겨 내면 끝입니다.

맛있는 튀김도 어떤 소스를 곁들여 먹는지에 따라 맛이 달라질 수 있습니다. 모든 해산물 튀김에 어울리는 대표 소스하면 타르타르 소스가 빠질 수 없죠. 타르타르 소스는 프랑스에서 유래했다고는 하지만 지금은 세계 어디서나 다양하게 변형되어 만들어지고 있어요. 마요네즈 베이스에 피클, 케이퍼, 딜과 타라곤을 다져 넣어 새콤하고 상큼한 맛이 중독성 있습니다. 프랑스 방식의 타르타르 소스는 딜과 타라곤이 들어가지만 준비를 못했다면 이태리 파슬리를 비롯한 어떤 허브를 넣어 만들어도 무방합니다.

Ingredients

- to serve 3 -

굴 12개
밀가루 2큰술
달걀 2개
빵가루 3큰술
마요네즈 5큰술
샬롯 1개
케이퍼 1큰술
미니 오이 피클 3개
이태리 파슬리 약간
영양부추 약간
소금 약간
후추 약간
레몬즙 1큰술

1

2

3

4

4

5

Directions

1 오이 피클 3개, 이태리 파슬리, 영양부추, 케이퍼 1큰술을 잘게 다져 주세요.

2 1번에 마요네즈 5큰술과 소금, 후추를 약간 넣고 레몬즙 1큰술을 추가해 잘 섞어 주세요.

3 달걀 2개를 깨서 식용유 1큰술, 소금, 후추를 약간 넣고 잘 섞어 주세요.

4 굴에 밀가루, 달걀물, 빵가루를 묻힌 다음, 예열된 식용유에서 바삭하게 튀겨 냅니다. 빵가루의 컬러가 노릇해지면 바로 꺼내 주세요.

5 접시에 굴과 타르타르 소스를 플레이팅 해주세요.

Plating Tip

알이 굵은 굴이 튀김용으로 적당하며, 튀김이 바삭하고 예쁘려면 빵가루가 중요합니다. 제가 사용한 빵가루는 Edward & Sons, Organic Panko로 237p 재료 사진을 참고하세요.

흑맥주
삼겹살 구이

Dark Beer Glazed
Roast Pork Belly

고기 양념을 할 때 주로 무엇을 넣으시나요? 우리나라는 돼지고기 요리를 할 때 주로 간장이나 고추장, 된장 베이스의 양념을 사용하잖아요. 게다가 요즘 수육을 만들 때는 콜라나 막걸리, 요구르트까지 넣어 만드는 것이 유행인 것 같아요. 아마 그 모든 것이 간편하게, 효율적으로 좋은 맛을 낼 수 있는 방법이기 때문이겠지요.

맥주가 들어가는 고기 요리 레시피는 많이 알려져 있습니다. 맥주의 향은 돼지고기의 누린내를 잡고 구수한 맛까지 내주거든요. 게다가 흑맥주를 사용하면 진한 캐러멜 컬러가 나기 때문에 정말 맛깔스러워 보입니다.

소스에 들어가는 재료도 흑맥주와 꿀이면 끝입니다. 특별한 허브나 마늘, 양파를 넣지 않아도 은은한 흑맥주의 향이 풍부한 맛을 만들어 냅니다. 마치 정향을 넣은 듯한 맛도 나죠.

Ingredients

- to serve 3 -

돼지고기 삼겹살 500g
흑맥주 1캔[330ml]
꿀 2큰술
소금 약간
후추 약간
챠빌 약간
영양부추 약간

MEL AMB
Pròpolis
Alemany

2

3

4

4

5

Directions

1 껍질이 붙어 있는 돼지고기 삼겹살에 소금과 후추로 밑간을 해주세요. 소스에 소금을 넣지 않기 때문에 소금 간은 조금 넉넉하게 해주세요.

2 3cm간격으로 돼지고기를 잘라 주세요.

3 프라이팬에 올리브 오일을 두르고 예열한 뒤 돼지고기를 껍질 부분이 아래로 가도록 올려 구워 주세요. 위, 아래로 노릇하게 바싹 굽고 꺼내 줍니다. 중간이 다 익지 않아도 꺼내 주세요.

4 돼지고기를 꺼낸 프라이팬에 흑맥주를 다 부어 주세요. 꿀 2큰술도 넣고 흑맥주가 절반으로 줄어들 때까지 끓여 주세요.

5 꺼내 놓은 돼지고기를 프라이팬에 다시 올려 주세요. 소스가 걸쭉해질 때까지 졸이면서 구워 주세요.

6 플레이트에 돼지고기를 놓고 흑맥주 소스를 부은 뒤 영양부추와 챠빌로 장식합니다.

Plating Tip

삼겹살을 한입 크기로 자를 때 껍질과 비계, 살코기 부분이 한 조각 안에 균형 있게 들어갈 수 있도록 큐브 모양으로 잘라 주세요. 센 불로 겉을 바싹 구워 주세요. 그래야 형태감도 잘 잡히고 육즙도 잘 가둬집니다.

성게알 단새우 카나페

Sea Urchin and Shrimp Canape

주재료를 작은 빵이나 비스킷 위에 얹어 먹는 것을 카나페라고 합니다. 프랑스어로 카나페 Canapé 는 소파를 의미하는데요. 그 어원처럼 밑받침에 스프레드를 깔고 원하는 주재료를 얹는 방식으로 만듭니다. 밑받침의 식감은 바삭할수록 위에 올라간 재료의 맛을 더 잘 느낄 수 있습니다. 보통은 바싹 구운 토스트나 페스트리 등을 주로 활용하지요. 바삭한 식감을 내는 재료가 무엇이 있을까 고민하다가 집에 있는 녹두 실당면을 사용해서 튀겼더니 아주 아삭하고 모양도 그럴싸합니다.

요즘은 신선한 해산물을 나가지 않고 편하게 구매할 수 있죠. 그 종류도 갈수록 다양해져서 요리할 마음만 있다면 점점 편해지는 세상입니다. 신선하고 녹진한 성게알과 단새우는 횟감을 다루는 특별한 기술이 없어도 맛있게 요리해 먹을 수 있습니다. 성게알은 냉동이라면 먹기 하루 전에 냉장고에 옮겨 둔 후 바로 먹으면 되고, 단새우는 껍질을 벗기고 소금을 넣은 물에 가볍게 씻은 뒤 키친타월로 물기를 제거해서 먹으면 됩니다. 바삭하게 튀긴 녹두 실당면에 단새우 스프레드를 깔고 풍성하게 해산물을 얹으면 멋진 씨푸드 카나페가 됩니다. 우리집에는 토스트 크래커가 없어서, 페스트리를 만들 줄 몰라서 안 되겠다고 생각하지 말고 집에 있는 재료를 이용해서 만들어 보세요. 창의적인 카나페를 뚝딱 완성할 수 있습니다.

Ingredients

- to serve 3 -

녹두 실당면 2덩이
단새우 12개
성게알 1팩
달래 4-5줄기
와사비 1/2작은술
홀스래디쉬 1/2작은술
사워 크림 1큰술
레몬 1/2개
레몬 제스트 약간
샬롯 1/2개
카비아롤리 바질맛 약간
소금 약간

Kühne

1

3

4

Fissler
5

5

6

Directions

1 녹두 실당면을 물에 불린 뒤 작은 볼을 활용해 동그란 형태로 만들어 둡니다. 빨리 모양을 만들고 싶으면 오븐에 구워 주세요. 160도에서 수분을 날리는 정도로만 구우면 됩니다.

2 냉동 단새우와 냉동 성게알은 먹기 하루 전에 냉장고에 두고 해동해 주세요.

3 단새우는 소금과 레몬즙을 넣은 물에 행군 다음 키친타월로 물기를 제거해 주세요. 그러면 단새우에 묻은 수염과 불순물이 제거 됩니다.

4 단새우 8개를 1cm 간격으로 잘라 주세요. 샬롯 1/2개와 달래 4-5줄기도 잘게 썰어 주세요. 여기에 와사비 1/2작은술, 홀스래디쉬 1/2작은술, 사워 크림 1큰술, 올리브 오일 약간, 소금 한 꼬집, 레몬즙 약간, 레몬 제스트를 넣고 잘 섞어 주세요. 이렇게 하면 스프레드가 완성됩니다.

5 오목한 팬에 식용유를 적당히 넣어 주세요. 기름이 180도로 달궈지면 녹두 실당면을 빠르게 튀겨 냅니다. 키친타월 위에 올려 기름을 빼고 식혀 주세요.

6 튀긴 녹두 실당면 위에 스프레드 1큰술, 단새우 2마리, 성게알 3-4조각, 카비아롤리 바질맛을 얹고, 레몬 제스트와 다진 달래를 뿌려 장식합니다.

Plating Tip

성게알 단새우 카나페의 포인트인 둥지 모양을 만들려면 미리 플레이팅할 접시와 둥지 모양을 만들 볼의 사이즈를 맞춰보는 것이 중요합니다. 적당한 사이즈 감과 여백이 있어야 요리가 더 빛이 나겠죠.

스테이크 플래터와 세 가지 소스

Steak Platter With Three Sauces

손님을 초대했을 때 푸짐한 스테이크 플래터 하나만 차려도 압도적인 비주얼을 뽐낼 수 있답니다. 다양한 부위의 고기를 우드 플래터 위에 잘 펼쳐 놓으면 함께 먹기도 편하고 만들어 주는 사람도 편합니다. 다만 따뜻하게 먹기 위해서는 요리하는 순서가 필요합니다. 먼저 세 가지 소스와 웨지 감자는 미리 만들어 두세요. 고기는 마리네이드를 한 상태에서 30분 전에 상온에 꺼내 놓습니다. 손님이 도착하면 샐러드와 간단한 음료수를 낸 다음 고기를 구워 나가면 훌륭한 레스토랑 같은 맛을 낼 수 있습니다.

치미추리 소스는 고추와 허브의 맛이 입안을 개운하게 해서 기름진 소고기와 잘 어울립니다. 사워 크림 소스도 홀스래디쉬와 시큼한 사워 크림이 끝까지 맛있게 고기를 먹을 수 있도록 하죠. 머스터드와 샬롯 소스는 고기의 풍미를 확실히 살려 줍니다.

Ingredients

- to serve 3 -

스테이크 플래터

소고기 안심 200g
소고기 등심 200g
소고기 안심추리 200g
감자 4개
아스파라거스 1단
통마늘 6-7알
로즈마리 1줄기

세 가지 소스

머스터드 소스

홀그레인 머스터드 2큰술
생크림 2큰술
버터 1큰술
샬롯 1개
코냑 1큰술

치미추리 소스

이태리 파슬리 4줄기
다진 마늘 약간
파프리카 가루 1작은술
큐민 가루 2작은술
올리브 오일 3큰술
소금 1작은술

사워 크림 소스

사워 크림 2큰술
홀스래디쉬 1큰술
마요네즈 1큰술
소금 1꼬집

Paysan Breton
La Crème
Pâtisserie & Cuisine
QUALITÉ PROFESSIONNELLE
HEINZ
SERIOUSLY GOOD
ORIGINAL
MAYONNAISE
Kühne
Isigny Ste Mère
BEURRE D'ISIGNY

1

2

1
2
3
★2

3

3

4

Directions

1 안심은 실로 잘 묶어서 형태를 잡아 주세요. 안심, 등심, 안심추리에 소금과 후추로 간을 하고 올리브 오일도 앞뒤로 뿌려 주세요.

2 씻은 감자는 잘라 소금와 후추를 뿌리고 올리브 오일을 두른 뒤 전자렌지에서 익혀 주세요. 3-4분 정도 익힌 후 프라이팬에 다시 옮겨 강불에서 겉면이 노릇하게 구워 주세요. 웨지 감자와 함께 아래 ★ 세 가지 소스는 고기를 굽기 전에 미리 만들어 두세요.

3 안심과 등심을 팬에서 구워 주세요. 고기를 굽는 시간은 두께에 따라 다르지만, 마이야르 반응 Maillard Reaction 이 일어난 후 꺼내 5분간 종이 호일에 싸서 레스팅을 해주면 미디움 정도 익혀집니다.

4 안심추리를 팬에 구울 때 아스파라거스를 함께 구워 주세요. 아스파라거스는 컬러가 진해지면 익은 것이며, 너무 오랫 동안 익히면 아삭한 맛이 사라집니다.

5 우드 플래터에 등심은 먹기 좋은 크기로 잘라서 올리고 웨지 감자와 아스파라거스도 함께 플레이팅합니다.

★

1 **머스터드 소스** 샬롯 1개를 잘게 잘라서 버터를 넣고 투명해질 때까지 볶다가 코냑 1큰술을 넣고 알콜 향이 날아가면 생크림 2큰술, 홀그레인 머스터드 2큰술을 넣고 끓여 주세요.

2 **사워 크림 소스** 사워 크림 2큰술, 홀스래디쉬 1큰술, 마요네즈 1큰술, 소금 1꼬집을 다 넣고 잘 섞어 주세요.

3 **치미추리 소스** 이태리 파슬리와 마늘을 잘게 다지고 파프리카 가루 1작은술, 큐민 가루 2작은술, 올리브 오일 3큰술, 소금 1작은술을 넣고 잘 섞어 주세요.

Plating Tip

플레이팅을 할 때 한 접시 안에 세 가지 이상의 컬러는 넣지 않는 편이 좋습니다. 너무 많은 컬러가 들어가면 자칫 촌스러워 보일 수 있죠. 당근이나 다른 붉은 계열의 야채를 더 넣고 싶다면 다른 접시에 따로 두세요.

연어와 홀스래디쉬 소스
치즈칩과 요거트
파케리 파이
감자 퓌레
감자 그라탱
프랑스식 미트 파이
폼므 뒤셰스
베샤멜 소스
브로콜리 구이
구운 토마토 소스
모짜렐라

Salmon with Horseradish Sauce
Cheese Chips and Yogurt
Paccheri Pie
Potato Purée
Potatoes Gratin
French Meat Pie
Pommes Duchesse
Roasted Broccoli with Béchamel Sauce
Baked Mozzarella in Tomato Sauce

Chapter 3

실패가 없는 요리

입맛을 파악할 수 없는
누군가를 위한 메뉴

연어와 홀스래디쉬 소스

Salmon with Horseradish Sauce

연어는 가장 손쉽게 구입할 수 있는 날생선인 것 같아요. 냉장 보관도 손쉬워서 냉장고에 3-4일 이상 두고 먹을 수 있습니다. 연어를 보관하는 다양한 방법이 있지만 저는 가장 간단한 방법인 소금과 레몬을 넣은 물에 담겼다 냉장보관을 합니다. 연어의 살이 훨씬 단단하고 쫀득해집니다.

연어를 먹을 때 서양 겨자인 홀스래디쉬와 함께 먹으면 참 잘 어울립니다. 홀스레디쉬의 알싸하고 개운한 맛이 생선의 비린 맛을 잡아 주고 상쾌한 맛까지 줘서 생선 요리에 자주 쓰는 재료랍니다. 이 홀스래디쉬에 아삭한 씹는 맛을 위해 피클과 샬롯을 넣어 주세요. 피클의 아삭함과 시큼한 맛이 소스 맛을 한층 더 살려 줍니다.

Ingredients

- to serve 2 -

냉이 1줄기
연어 400g
딜 4줄기
레몬즙 1큰술
소금 1큰술

홀스래디쉬 소스

홀스래디쉬 2큰술
마요네즈 2큰술
샬롯 1/2개
미니 오이 피클 1개
핫 페퍼 피클 2개
레몬즙 1큰술
소금 2꼬집

CAVIAROL
Kühne
Kühne

4
5
6
6

SCAN ME

Directions

| 홀스래디쉬 소스 |

1 샬롯 1/2개와 미니 오이 피클 1개, 핫 페퍼 피클 2개를 잘게 다져 주세요.

2 홀스래디쉬 2큰술과 마요네즈 2큰술, 레몬즙 1큰술, 소금 2꼬집을 넣고 잘 섞어 주세요.

| 연어 플레이팅 |

3 차가운 물 1리터에 소금 1큰술과 레몬즙 3큰술을 넣고 잘 섞어 주세요. 연어를 여기에 담가 2-3분 뒤 건져 물기를 제거해 주세요.

4 연어를 길쭉하게 썰어 랩으로 싸고 동그랗게 말아서 냉장 보관을 해주세요. 모양을 잘 만들기 위해 5-6시간을 냉장고에서 재워 두는 것이 좋습니다.

5 플레이트에 쿠키틀을 놓고 그 안에 홀스래디쉬 소스를 2-3큰술 넣어 잘 펼쳐 주세요.

6 냉장고에서 연어를 꺼내 잘게 자른 딜 위에 굴려 주세요. 딜이 골고루 묻은 연어를 랩으로 싸줍니다. 이 상태에서 4cm 간격으로 연어를 잘라 펼쳐 둔 홀스래디쉬 소스 위에 올려 주세요. 핫 페퍼 피클과 냉이, 딜로 장식합니다.

Plating Tip

접시 위 소스의 지름, 연어의 지름, 비율의 균형이 아주 중요합니다. 소스의 지름은 11cm, 연어의 지름은 5.5cm입니다. 2:1 비율이 가장 좋아요. 또한, 소스를 접시에 올릴 때 쿠키틀을 이용하면 깔끔하게 형태를 잡을 수 있어요.

치즈칩과 요거트

Cheese Chips and Yogurt

치즈와 요거트는 크게 호불호가 없는 재료입니다. 그래서 초대한 누군가의 입맛을 모르더라도 식재료로 활용하기에 부담이 없습니다. 그라나 파다노 치즈는 제가 일 년 내내 냉장고에 두고 쓰는 치즈입니다. 그릭 요거트도 떨어지지 않는 재료 중 하나이고요. 냉장고에 있는 재료만으로 맛도 좋고 플레이팅까지 그럴싸한 메뉴를 뭘 해볼까 고민하다가 만들어낸 메뉴예요. 치즈는 가열하면 금방 녹지만 금세 굳어 팬에서 잘 떨어집니다. 치즈의 이런 특성과 저의 경험을 바탕으로 그레이터로 간 치즈를 팬에 구워 보았습니다. 텍스처도 맛도 훌륭하더라고요. 치즈는 그라나 파다노를 사용하거나 치즈 그레이터로 갈아서 사용할 수 있는 하드 치즈라면 어느 것이나 가능합니다.

간 치즈를 구우면 텍스처가 느껴져서 씹는 느낌을 줄 수 있고 모양도 예쁘죠. 이렇게 미리 만들어 둔 치즈칩은 차가운 상태로 서빙할 수 있어서 여러 요리를 동시에 해야 하는 하는 손님 초대시 편하게 준비해 둘 수 있어요. 대신 손님이 도착한 다음에 플레이팅을 해서 서빙해야 합니다. 바삭한 치즈칩이 요거트를 만나면 금방 눅눅해질 수 있거든요. 그릭 요거트에 레몬 제스트를 넣어 상큼함을 더하고 은은한 양파향이 나는 차이브를 넣어 풍미를 더할 수 있어요.

Ingredients

- to serve 4 -

그라나 파다노 치즈 80g
그릭 요거트 160g
차이브 약간
레몬 제스트 약간

1

2

3

3

4

5

Directions

1 팬에 종이 호일을 깔고 약불 상태에서 치즈 그레이터로 그라나 파다노를 갈아 주세요. 지름 10cm정도로 동그랗게 만듭니다. 그러면 종이 호일 한 장당 치즈칩이 4개 정도로 만들어 집니다.
4인용을 만들기 위해서는 종이 호일 세 장 정도는 만들어야 함

2 치즈가 녹으면서 약간 노릇노릇해지면 종이 호일 통째로 팬에서 꺼내 식힌 후 종이에서 하나씩 떼어 내세요. 식으면 쉽게 떨어집니다.

3 그릭 요거트 160g에 레몬 제스트를 갈아 넣고, 차이브를 잘게 썰 주세요.

4 커다란 접시에 3번을 1큰술 떠 올리고 그 위에 치즈칩을 올려 줍니다. 다시 3번을 1큰술 떠서 올리고 치즈칩을 올려주세요. 이렇게 원하는 볼륨감이 나올 때 까지 반복합니다. 사진은 치즈칩 3장을 사용

5 마지막으로 레몬 제스트와 자른 차이브를 뿌려 장식합니다.

Plating Tip

노릇한 치즈칩에 요거트의 깨끗한 화이트 컬러는 먹음직스럽습니다. 색감을 낼 수 있는 레몬 제스트는 충분히 갈아 주세요. 차이브는 레몬 제스트의 양보다는 적게 뿌려야 색감이 더 잘 살아납니다.

파케리 파이

Paccheri Pie

파케리 파이는 파케리 Paccheri 라는 속이 빈 커다란 파스타 속에 라구 소스를 넣어 만든 파이를 말합니다. 하루 전에 미리 만들어 놓고 손님이 오면 바로 구워 대접할 수 있기 때문에 홈파티 요리로 아주 적합합니다. 파케리 파이의 크고 먹음직한 모습에 손님들도 좋아하고, 파이처럼 잘라서 서빙할 수 있어서 편하기까지 합니다.

파케리 파이를 만들기 위해서는 먼저 라구 소스가 준비되어 있어야 합니다. 이탈리아 요리에서 라구는 파스타와 함께 먹는 고기 소스를 의미합니다. 이탈리아 어느 레스토랑이든 가정이든 자기만의 라구 소스를 만드는 방식이 있어서 미묘하게 다른 맛을 느낄 수 있는 소스입니다. 우리로 치면 된장국 같은 느낌인데, 비슷해 보이지만 집집마다 재료와 만드는 법이 달라 그만큼 개성도 자부심도 남다른 소스인 것 같아요.

우리가 전형적으로 생각하는 라구소스는 볼로냐식 소스인 라구 볼로네제 Ragù Bolognese 입니다. 소고기, 닭고기, 돼지고기, 양고기 등 여러 종류의 다진 육고기를 사용할 수 있고 보통 국물로는 물과 포도주, 토마토 등을 넣어 요리합니다. 이렇게 만들어진 라구는 냉동실에 얼려 두고 사용하면 굉장히 편리합니다. 시판 소스보다 훨씬 깔끔하고 깊은 맛이 나서 파스타든 라자냐든 언제든지 다양하게 만들어 먹을 수 있어요.

Ingredients

- to serve 4 -

라구 소스

돼지 다짐육 300g
소 다짐육 300g
토마토 페이스트 캔 1통[340g]
양송이 4개
양파 1개
페퍼로니 50g
페페론치노 4개
이태리 파슬리 약간
올리브 오일 약간
후추, 소금, 와인 약간

파케리 파이 재료는 이어서 196p

Primo
PEPPERONI
Made from coarsely minced pork and beef
Hunt's
Tomato Paste
ConAgra Foods

Ingredients

- to serve 4 -

파케리 파이

라구 소스 194p 참고
파케리 파스타 250g
모짜렐라 120g
그라나 파다노 치즈 약간

DE CECCO
dal 1886
Paccheri n°125
LE SPECIALITÀ
Lenta Essiccazione
500 g

1
3
4
5
6
7

Directions

| 라구 소스 |

1 양송이, 페퍼로니, 양파, 페페론치노를 잘게 썰어 주세요.

2 냄비에 올리브 오일을 두르고 간 돼지고기와 소고기와 1번을 함께 넣고 볶아 주세요. 이때 이태리 파슬리와 와인을 약간 넣어 주세요.

3 토마토 페이스트 캔 1통과 물을 조금 넣고 끓여 줍니다. 기호에 따라 소금 간을 해주세요.

| 파케리 파이 |

4 파케리 250g을 7-8분간 삶아 주세요. 파이틀에 파케리를 하나씩 세워 자리를 잡아 주세요. 약간 빽빽할 정도로 세워 주시는 것이 좋아요.

5 모든 구멍에 라구 소스를 잘 채워 넣어 주세요.

6 5번 위에 모짜렐라 치즈를 듬뿍 뿌려 주세요.

7 200도 오븐에 넣어 40분 동안 구워 주세요. 오븐의 성능에 따라 모짜렐라가 노릇하게 구워지면 완성입니다. 그라나 파다노 치즈가 있으면 그레이터로 갈아서 장식합니다.

Plating Tip

파케리 파이의 완성도를 높이려면 파케리 속을 가득하게 채워야 합니다. 덜 채워진 부분은 꺼지고 찌그러지기 때문에 케이크처럼 단면을 자르기 위해서라도 꼼꼼하게 채워 주세요.

감자 퓌레

Potato Purée

감자를 먹는 방법은 다양합니다. 그중 프렌치 프라이와 감자 퓌레는 가장 대중적으로 잘 알려진 감자 요리입니다. 어떤 메인 메뉴와도 잘 어우러지는 훌륭한 사이드 메뉴이기도 하죠. 여기서 말하는 퓌레 Purée 는 야채를 익혀서 으깬 음식을 뜻하는 불어에서 온 말입니다. 감자 튀김을 프렌치 프라이라고 부르는 것처럼 프랑스의 감자 사랑은 유별납니다. 그만큼 다양하고 맛있는 감자 조리법이 발달한 나라이기도 하고요. 장 프랑스와 피에쥬 Jean-François Piège 쉐프의 요리책 La Cuisine Française 만 봐도 감자 요리법이 마흔일곱 가지에 달합니다.

퓌레를 만드는 방법은 우유와 크림의 양 그리고 무엇보다 버터의 양에 따라 다릅니다. 장 프랑스와 피에쥬 쉐프의 레시피에서 보면 감자와 버터가 같은 양으로 들어가는 경우도 있습니다. 파인 다이닝 레스토랑의 경우 감자를 오븐에 구워서 수분을 날리고 체에 걸러 으깨는 방법으로 퓌레를 만들기도 하죠. 하지만 막상 프랑스 친구를 보니 인스턴트 감자 퓌레 가루를 구입해서 물을 넣어 요리하고 버터 한 조각으로 간단히 완성하더군요. 사실 프랑스의 일반 가정에서는 이렇게 많이 조리한다고 합니다. 이렇듯 요리법에 정답이란 없는 것 같아요. 그래서 저는 파인 다이닝의 맛을 내는 아주 간단한 방법을 소개하려 합니다. 이렇게 만들면 일주일 동안 냉장고에 두고 먹을 수도 있어요.

Ingredients

- to serve 2 -

감자 5개
우유 100ml
생크림 100ml
버터 40g
소금 1작은술
후추 약간
올리브 오일 약간
미니 로메인 / 타임 / 타라곤 선택 가능

paysan BRETON
The Cream
Whipping & Cooking
PROFESSIONAL QUALITY
pyrex
metric
ml
250
200
150
225
175
125
Mère
D'ISIGNY
ORIGINE PROTÉGÉE

1
2
3
4
5
6

Directions

1 감자는 껍질을 벗긴 후 냄비에 삶아 주세요. 이때 타임 1줄기를 넣어 주세요. 타임의 향이 감자에 스며들어 맛이 고급스러워집니다.

2 감자가 완전히 익으면 타임을 꺼낸 후 우유 100ml, 크림 80ml, 버터 40g을 한번에 넣고 포크로 적당히 으깨 주세요.

3 다시 핸드 믹서로 곱게 갈아 주세요. 이때 소금을 넣어 간을 맞추세요.

4 곱게 으깬 감자를 접시에 펼치듯 담아 줍니다.

5 후추를 약간 뿌리고, 타임 잎사귀 혹은 타라곤 잎사귀로 장식을 합니다. 미니 로메인이 있으면 함께 올려도 좋습니다.

6 마지막으로 올리브 오일을 둘러 주면 맛의 풍미와 요리의 윤기를 더할 수 있어요.

Plating Tip

따뜻한 퓌레 위에 엑스트라 버진 올리브 오일이나 버터 한 조각을 올리면 맛있어 보입니다. 약간의 색감을 줄 수 있는 허브는 어느 것이나 가능합니다.

감자 그라탱

Potato Gratin

그라탱 도피누와Gratin Dauphinois 라고 프랑스 남동부 지역인 도피네Dauphiné 의 이름을 딴 이 그라탱은 16세기 이전부터 만들어 먹어 왔던 프랑스의 대표 감자 메뉴입니다. 가장 간단하면서 남녀노소 누구나 좋아하는 메뉴를 소개하자면 단연코 이 메뉴입니다. 우리집 대표 메뉴라고 할 수 있을 만큼 누군가를 초대했을 때 자신 있게 내놓을 수 있는 메뉴죠. 감자, 유지방, 치즈가 만났을 때의 고소함과 부드러움은 남녀노소를 떠나 크게 호불호 없이 즐길 수 있어요. 특히 손님 중에 향신료의 거부감이 있거나 고기나 생선에 거부감이 있더라도 감자 그라탱 만큼은 다들 좋아합니다. 특히 어린이 손님이 오더라도 문제가 없는 메뉴죠. 게다가 적절한 탄수화물은 다른 요리와 잘 어울립니다.

감자를 얇게 슬라이스해 우유와 크림을 넣고 오븐에 구워 먹는 방식이 기본입니다. 하지만 어느 요리나 그렇듯, 이 요리 역시 다양한 현지 레시피가 존재합니다. 이번에는 제가 만들어 먹어 본 레시피 중에서 가장 풍미가 좋았던 방법을 소개하려고 해요. 필립 에슈베스트Philippe Etchebest 쉐프는 감자와 우유, 크림만으로 충분하다고 하지만 그라탱 위에 치즈를 가득 올려야 보기도 좋고 맛도 좋아요. 모짜렐라 치즈로 가득 덮어 주거나 집에 있는 다양한 치즈를 이용해도 좋습니다.

Ingredients

- to serve 2 -

감자 6개
생크림 150ml
우유 150ml
그뤼에르 치즈 80g
그라나 파다노 치즈 약간
타임 1줄기
통마늘 3알
후추 약간
소금 1작은술

MEGGLE
Creme Dual
COOKING & WHIPPING BASE
Microplane

1
2
3
4
5
6

Directions

1 껍질 벗긴 감자를 5개 준비해 2-3mm로 얇게 슬라이스를 해주세요.

2 올리브 오일을 두른 팬에 감자 슬라이스를 켜켜이 깔아 주세요.

3 소스 팬에 생크림 150ml과 우유 150ml를 붓고, 소금 1작은술과 타임 1줄기, 통마늘 3알을 넣고 끓여 주세요.

4 3번 소스를 팬에 깔아 둔 감자 위에 부어 주세요.

5 마지막으로 그뤼에르 치즈를 갈아서 감자 위를 덮어 주세요.

6 오븐을 180도에서 10분간 예열한 후 50분간 구워 주면 됩니다.

Plating Tip

감자 그라탱은 오븐에서 구워 바로 식탁으로 옮겨두고 함께 모여서 먹기에 좋은 요리입니다. 그래서 식탁 위에도 올릴 수 있는 예쁜 오븐 용기를 사용하는 것이 좋습니다. 따뜻하게 먹을 수 있고 보기에도 먹음직스러울 테니까요.

프랑스식 미트 파이

French Meat Pie

영국에서는 코티지 파이라고도 하던데, 간 고기에 감자 퓌레를 얹어 오븐에 구운 요리를 프랑스에서는 아쉬 파르멍티에 Hachis Parmentier 라고 부릅니다. 아쉬는 다진 고기를, 파르멍티에는 18세기 약학자 앙투완 오귀스탕 파르멍티에의 이름입니다. 기근에 시달리던 프랑스에 감자 섭취를 널리 알린 학자입니다.

저는 이 음식을 학교 구내 식당에서 처음 먹어 봤는데, 많이 만들어 두고 먹을 만큼만 데워서 먹어도 좋은 음식인 것 같더라고요. 친구들을 초대했을 때 미리 만들어 두고 다른 요리들과 함께 먹기에 편한 메뉴입니다.

고기는 소고기, 양고기, 돼지고기 모두 가능합니다. 조금씩 있다면 모두 섞어서 만들어도 맛있고요. 어차피 이 요리는 생고기를 보관하기 힘들었던 시절에 요리하고 남은 자투리 고기를 다져서 만든 요리이기 때문이죠.

Ingredients

- to serve 2 -

소 다짐육 500g
감자 4개
버터 60g
우유 100ml
소금 1작은술
샬롯 1개
샐러리 2줄기
통마늘 2알
타임 1줄기
그라나 파다노 치즈 취향껏

pyrex
1 CUP
8 oz
3/4
6 oz
225
175
125
75

3

4

5

6

6

7

Directions

1 감자 4개를 타임 1줄기와 함께 넣고 삶아 주세요.

2 샬롯 1개와 샐러리 2줄기, 마늘 2개를 잘게 썰어 주세요.

3 오일을 두른 후라이팬에서 2번을 볶다가 야채가 투명해지면 소다짐육, 소금 1작은술을 넣고 잘 익을 때까지 볶아 주세요.

4 삶은 감자를 감자 프레스기에 넣고 으깨 주세요. 여기에 버터 60g, 우유 100ml, 소금 1/2작은술을 넣고 잘 섞어 주세요. 이렇게 감자 퓌레가 완성입니다.

5 오븐에 넣을 용기에 3번을 먼저 깔고, 감자 퓌레를 위에 올려 펼쳐 주세요.

6 칼의 단면을 이용해 퓌레 위를 평평하고 반듯하게 정리한 후 다시 포크로 결을 내주세요.

7 결을 낸 윗면에 그라나 파다노 치즈를 갈아 고루고루 뿌려 주세요. 오븐을 예열한 뒤 180도에서 40-50분 정도 구워 주세요. 퓌레 윗면이 노릇해지면 꺼내 주세요.

Plating Tip

감자 퓌레 윗면에 결을 내면 그 부분이 노릇해져 더욱 먹음직스러워 보입니다. 제가 한 것처럼 포크로 빗살 무늬를 내도 좋고, 스푼으로 투박하게 떠서 그대로 굽는 등 다양하게 변형해 보세요.

GRAND CRU
CHATEAU
TALBO
SAINT-JULIEN
2007

폼므 뒤셰스

Pommes Duchesse

폼므 뒤셰스 Pomme Duchesse 는 프랑스의 대표적인 감자 요리입니다. 프랑스어로 폼므는 감자, 뒤셰스는 공작부인이라는 뜻을 가지고 있어요. 우리가 아는 상투 과자의 모양이 전형적인 감자 뒤셰스의 모양입니다. 메쉬드 포테이토에 달걀을 넣어 짤 주머니로 모양을 만들고 오븐에 굽는 요리를 말합니다. 보통은 육류나 가금류와 함께 먹는 사이드 메뉴입니다.

사이드 메뉴이지만 모양을 자유롭게 만들어 주요리처럼 플레이팅할 수 있어요. 따뜻하게 구운 폼므 뒤셰스와 시큼한 맛의 사워 크림은 서로 맛이 잘 어울립니다. 그리고 허브나 식용꽃으로 장식을 하면 단순한 감자요리로 보이진 않을 거예요. 재료는 간단하지만 마치 메인 디쉬 같은 메뉴입니다.

Ingredients

- to serve 2 -

감자 4개
버터 50g
달걀 노른자 2개
사워 크림 1큰술
소금 1/2큰술
후추 약간
영양부추, 초리초 장식용으로 약간
그라나 파다노 치즈 약간

1
2
3
4
4
6

Directions

1 감자 껍질을 벗기고 물에 삶아 주세요.

2 감자 프레스에 넣고 감자를 잘 으깨 주세요.

3 으깬 감자에 소금 1/2큰술과 버터 50g을 넣고 섞은 뒤 달걀 노른자 2개, 후추를 넣고 다시 잘 휘저어 주세요.

4 틀에 반죽한 감자를 넣어 줍니다. 포크로 결을 내고 그라다 파다노 치즈를 갈아 뿌린 후 오븐에 구워 주세요. 180도에서 1시간 정도 구워 윗부분이 노릇해지면 완성입니다.

5 영양부추와 초리초는 잘게 썰어 준비합니다.

6 잘 익은 폼므 뒤셰스를 꺼내고, 사워 크림 1큰술에 영양부추와 초리초로 장식합니다.

Plating Tip

폼므 뒤셰스는 짤 주머니에서 나온 결이 특징입니다. 저는 간단하게 포크로 표현을 해봤어요. 혹시 모양이 잘 잡히지 않아 실패하더라도 다시 버터나이프로 평평하게 만든 뒤 포크로 결을 내면 됩니다. 그리고 오븐에서는 브라운 컬러가 나올 때까지 구워야 먹음직스러워 보입니다.

베샤멜 소스 브로콜리 구이

Roasted Broccoli with Béchamel Sauce

베샤멜 소스는 프랑스 요리의 기본 소스이자 그라탕, 수프를 만들 때 주로 사용하는 소스 중 하나입니다. 이 책에도 소개되어 있는 크로크무슈를 만들 때 중간에 들어가는 하얀 소스도 베샤멜 소스입니다. 버터와 밀가루가 주재료인 루에 우유를 넣어 되직하게 만든 부드러운 맛의 소스라서 음식을 걸쭉하고 부드럽게 채울 때 필요한 소스라고 이해하시면 됩니다.

브로콜리에 고기를 가득 채우고 겉을 커버링 할 때 베샤멜 소스가 매우 효과적입니다. 물론 치즈만 덮어 줘도 충분히 맛있지만 겉을 균일하게 소스로 덮는 것이 고기가 쏟아지는 것을 막을 수 있습니다.

브로콜리 밑둥을 발사믹으로 양념한 소고기로 꽉 채워 오븐에 구워 주세요. 단면을 자르면 브로콜리 사이에 소고기가 채워져 있어 보기도 좋고 맛도 좋은 요리가 됩니다.

Ingredients

- to serve 2 -

브로콜리 1송이
샐러리 1줄기
소 다짐육 300g
발사믹 4큰술
꿀 1큰술
소금 1작은술
다진 마늘 1작은술
페페론치노 2개
샬롯 1개
오레가노 약간
그뤼에르 치즈, 그라나 파다노 치즈 취향껏

베샤멜 소스

밀가루 30g
버터 30g
우유 300ml

4
4
5
6
7
8

Directions

1 샬롯 1개, 샐러리 1줄기, 페페론치노 2개를 잘게 썰어 주세요.

2 예열한 후라이팬에 올리브 오일을 조금 두르고 소고기를 넣고, 발사믹 4큰술, 꿀 1큰술, 소금 1작은술을 넣어 볶아 주세요.

3 소고기가 어느 정도 익으면 자른 샬롯, 샐러리, 페페론치노, 마늘 1작은술을 넣고 마저 볶아 주세요.

4 브로콜리를 끓는 물에 빠르게 데친 후 볶은 소고기를 밑둥 쪽에서 넣어 주세요.

5 오븐 트레이에 브로콜리 밑둥을 위로 두고 그뤼에르, 그라나 파다노 치즈를 갈아 줍니다. 예열한 오븐에서 180도 20분간 구워 주세요.

6 브로콜리를 굽는 동안 베샤멜 소스를 만듭니다. 소스 팬에서 버터 30g을 녹이고 밀가루 30g을 넣어 잘 섞어 줍니다. 우유 300ml를 추가해 약불에서 잘 휘저어 주면 되직하게 부풀어 오릅니다.

7 구워진 브로콜리를 꺼내고 바로 뒤집어서 베샤멜 소스를 부어 줍니다. 다시 200도의 오븐에서 15분간 노릇하게 구워 주세요.

8 토치가 있다면 겉을 살짝 그을려 주세요.

Plating Tip

브로콜리 구이가 먹음직스러워 보이려면 속을 잘 채우는 것이 중요합니다. 그래야 잘랐을 때 단면이 잘 나옵니다. 그리고 베샤멜 소스를 끼얹고 구울 때는 높은 온도에서 브라운 컬러가 나오도록 굽는 것이 중요합니다.

STAUB

구운 토마토 소스 모짜렐라

Baked Mozzarella in Tomato Sauce

모짜렐라는 우리에게 가장 익숙한 치즈입니다. 모짜렐라는 형태도 여러 가지여서 요리법에 따라 쓰는 모양이 다릅니다. 우리나라에서 흔하게 쓰는 피자치즈는 슈레드 타입의 모짜렐라입니다. 슈레드는 생 모짜렐라에 수분을 빼고 유통하기 쉽게 잘게 자른 형태이죠. 이런 타입의 모짜렐라는 토스트나 피자를 구울 때 많이 씁니다.

물론 슈레드 타입의 모짜렐라도 맛있지만 생 모짜렐라 치즈도 이제는 쉽게 마트에서 구입할 수 있죠. 보기도 좋고 맛도 신선한 모짜렐라를 토마토 베이스 소스에 구운 요리입니다. 어찌보면 카프레제를 오븐에 구운 맛이라고 할 수 있겠네요.

Ingredients

- to serve 2 -

모짜렐라 치즈 400g
홀 토마토 캔 1통[400g]
올리브 10개
통마늘 2개
타임 1줄기
소금 1/2작은술
꿀 1큰술
빵가루 2큰술
오레가노 약간
견과류 약간

Wedderspoon
RAW
MULTIFLORAL
MANUKA
HONEY
NET WEIGHT
12 OZ (340 g)
SINCE 1978
Edward & Sons
TRADING COMPANY, INC.
ORGANIC
PANKO
JAPANESE STYLE
BREADCRUMBS
for Tempura, Croquettes... and More
USDA ORGANIC
NET WT 10.5 OZ 298g
Fratelli
LONGOBARDI

1

2

3

4

5

Directions

1 절인 올리브의 씨를 발라냅니다.

2 마늘 2개, 빵가루 2큰술, 꿀 1큰술, 견과류 약간, 소금 1/2작은술을 다지기에 모두 넣고 잘 다져 주세요.

3 오븐용 접시에 홀 토마토를 먼저 깔고, 그 위에 모짜렐라를 올려 주세요.

4 2번에서 다져 둔 재료들을 모짜렐라 위에 잘 올려 주세요.

5 180도 오븐에서 20분간 구워 주세요.

Plating Tip

토마토 모짜렐라의 플레이팅이 먹음직스러워 보이려면 위로 높이 쌓는 것이 중요합니다. 오븐에서 요리를 하면 치즈가 녹아 퍼지므로 최대한 높이 쌓아 주세요.

닭고기 콜리플라워 구이
순두부 크림 파스타
배추 스테이크
단호박 오렌지 샐러드
새우 퀴노아 샐러드
봄동 샐러드
브로콜리 수프
토마토 양송이 스튜

Roasted Chicken and Cauliflower
Creamy Sundubu Pasta
Cabbage Steaks
Pumpkin Orange Salad
Shrimp Quinoa Salad
Bomdong Salad
Broccoli Soup
Tomato Mushroom Stew

Chapter 4

퇴근 후 저녁 요리

건강하지만 맛있게
간단하지만 멋있게
나와 가족을 위한 메뉴

EILEEN GRAY

닭고기 콜리플라워 구이

Roasted Chicken and Cauliflower

저녁 식사 때 먹는 고기 중 그나마 죄책감이 덜 드는 고기가 닭고기겠죠. 저는 닭다리 정육을 사용했지만 다이어트나 담백한 맛을 더 추구한다면 닭가슴살을 사용해 보세요. 고기와 함께 먹는 야채로는 잘게 썬 콜리플라워를 곁들이면 좋습니다. 닭고기를 구워낸 팬에 바로 볶으면 돼서 아주 간단하죠. 원팬 요리는 조리 도구를 바꾸지 않기 때문에 요리하는 시간이 적게 듭니다. 또한, 그것보다 더 큰 장점은 설거짓거리가 나오지 않는다는 점이죠.

콜리플라워는 슈퍼 푸드라 불릴 만큼 비타민C와 식이섬유가 풍부합니다. 게다가 파프리카 가루나 큐민 가루와 맛이 정말 잘 어울리는 식재료이기도 하죠. 이 양념으로 콜리플라워를 자르지 않고 통으로 오븐에 구워도 맛이 좋습니다. 순식간에 든든하면서 호불호 없는 저녁 한끼가 완성되는 것이죠.

Ingredients

- to serve 3 -

닭다리 정육 6조각
콜리플라워 1송이
통마늘 4알
버터 30g
샬롯 2개
파프리카 가루 4작은술
큐민 가루 1작은술
소금 약간
후추 약간
올리브 오일 취향껏
이태리 파슬리 1줄기
타라곤 1줄기
타임 1줄기

ORGANIC
EXTRA VIRGIN
OLIVE OIL
FIRST COLD PRESSED
100% ITALIAN ORIGIN
PRODUCT OF ITALY

1

2

3

3

4

5

SCAN ME

Directions

1 닭다리 정육에 소금, 후추, 올리브 오일을 뿌려 둡니다. 딱 5분이면 됩니다.

2 콜리플라워를 0.5cm 간격으로 자르고, 샬롯과 마늘은 잘게 잘라 주세요.

3 올리브 오일과 버터 30g을 넣은 팬에 닭고기를 넣고 노릇하게 구워 주세요. 이때 타임과 타라곤 1줄기씩을 넣어 닭의 잡내를 잡아주면 좋습니다.

4 구운 닭고기를 꺼낸 뒤, 같은 팬에 자른 샬롯과 마늘을 볶다가 콜리플라워를 넣어 주세요. 그 다음 파프리카 가루 4작은술, 큐민 가루 1작은술, 소금, 후추를 추가해 함께 볶아 주세요.

5 양념이 잘 섞이면 구워 두었던 닭고기를 팬 위에 얹고, 뚜껑을 닫은 상태로 5분만 더 익혀 주세요. 이태리 파슬리와 타라곤으로 장식해 주세요.

Plating Tip

닭고기는 껍질부터 노릇하게 구워 주세요. 겉만 브라운 컬러가 나올 정도로 구우면 됩니다. 나중에 콜리플라워 위에 두고 익힐 것이기 때문에 속이 조금 덜 익어도 됩니다. 먹음직스러운 플레이팅은 컬러가 중요하니까요.

순두부 크림 파스타

Creamy Sundubu Pasta

추억의 파스타라고 하면 크림 파스타를 많이 떠올리실 거예요. 짜장면과 짬뽕 중 무엇을 먹을지 고민하는 것이 우리의 큰 난제인 것처럼, 아마 토마토 파스타와 크림 파스타 중 하나를 고르는 것 역시 많은 분의 고민이 아닐까 싶습니다. 그 시절에 먹던 크림 파스타는 사실 시판용 소스에 우유나 생크림을 섞어 만든 것으로 파스타의 나라 이탈리아에서는 먹을 수도 없고, 존재하지도 않는 메뉴였죠. 그래도 가끔 어린 시절에 먹던 크림 가득하고 부드러운 파스타를 먹고 싶을 때가 있어요. 하지만 이제는 시판용 소스로 만든 파스타는 입에 맞지 않고, 건강에도 좋지 않아 쉽게 손이 가지 않더군요. 다이어트나 굳이 채식을 하지 않아도 단순한 재료와 조미료가 적은 요리를 먹어야 몸이 가뿐해지는 것을 느낍니다. 그렇게 고민을 하다 찾은 재료가 순두부입니다.

두부는 크리미한 질감을 표현할 수 있으면서 맛도, 건강에도 좋은 식품입니다. 두부 중에 특히 순두부는 매끈하고 부드러운 식감이 좋아 제가 많이 사용하는 재료 중에 하나죠. 순두부에 약간의 우유와 생크림을 섞어서 끓인 다음 믹서기로 갈면 정말 부드러운 크림 소스를 얻을 수 있습니다. 순두부라고 말하지 않으면 크리미하고 깔끔한 맛에 어떤 재료인지 상상도 못 하실 거예요.

Ingredients

- to serve 2 -

순두부 1/2개
우유 100ml
생크림 2큰술
소금 1/2작은술
링귀니 200g
올리브 오일 약간
딜 약간
챠빌 약간
카비아롤리 바질맛 장식용 선택 가능

1
2
3
4
6
6

Directions

1 링귀니 200g을 삶아 주세요. 보통 물 2리터에 소금 2큰술을 넣어 주면 염도 7% 정도여서 면수로 적당합니다.

2 순두부 1/2개와 우유 100ml, 생크림 2큰술을 냄비에 넣고 끓여 주세요.

3 순두부가 끓은 뒤에 불을 끄고, 소금 1/2 작은술을 넣고 핸드 믹서로 갈아 주세요. 이때 불을 끄는 이유는 불을 켠 상태에서 소금을 넣으면 두부가 분리되며 뭉치기 때문이죠.

4 링귀니가 삶아지면 3번에 넣고, 소스가 잘 배도록 휘저어 주세요.

5 소스가 알맞게 걸쭉해지면 올리브 오일을 두르고 또다시 잘 휘저어 주세요.

6 국자를 활용해 면을 말아 접시에 옮겨 담아 주세요. 집에 있는 허브로 장식을 해주면 완성입니다.

Plating Tip

파스타를 예쁘게 담고 싶을 때는 국자를 활용해 보세요. 크고 깊숙한 사이즈가 좋습니다. 집게나 젓가락을 이용해서 면을 국자 속에 넣고 돌돌 말아 주세요. 형태가 흐트러지지 않도록 면이 담긴 국자 그대로 비스듬히 기울이면서 접시에 올리면 됩니다.

배추 스테이크

Cabbage Steaks

퇴근 후 손이 많이 가는 요리를 하기란 쉽지 않죠. 저녁 식사 메뉴는 누구나 자주 하는 고민이기도 합니다. 밥이나 면과 같은 탄수화물을 먹자니 살도 찌도 소화가 되지 않아 불편합니다. 또 귀찮은 마음에 간편식을 자주 먹자니 건강에 좋지 않을 것 같아 걱정이죠. 이것도 저것도 다 꺼려지다 보니 특히 세끼 중 저녁 메뉴를 뭘로 할지가 가장 고민입니다.

그래서 찾은 것 중 하나가 바로 배추 스테이크입니다. 일단 알배추는 사시사철 우리 주변에서 구하기 쉬운 재료입니다. 손질과 조리법 또한 간편해서 누구나 맛있게 요리할 수 있죠. 구운 야채라 소화도 잘되고 부담이 없어 저녁 식사로 최적입니다. 알배추는 수분이 많고 달아서 그 자체만으로도 맛이 좋아요. 여기에 간단하게 양념해서 후라이팬에 굽기만 하면 더욱 맛있고 따뜻한 하나의 요리가 됩니다. 플레이팅까지 더한다면 가족들 앞에 근사하게 차려낼 수 있는 메뉴입니다.

Ingredients

- to serve 2 -

알배추 1/2통
그라나 파다노 치즈 취향껏
통마늘 3알
영양부추 약간
파프리카 가루 약간
큐민 가루 약간
소금 약간
올리브 오일 약간
사워 크림 1큰술
견과류 약간
이태리 파슬리 1줄기

1
2
3
4
6

Directions

1 배추를 2-3cm로 굵게 썰어 주세요.

2 자른 배추에 한 꼬집씩 소금, 큐민, 파프리카 가루, 마늘, 올리브 오일을 앞 뒤로 잘 발라 줍니다.

3 예열한 후라이팬에 올리브 오일을 두르고 배추를 올린 다음 앞, 뒤로 1-2분만 구워 주세요.

4 구운 배추를 접시에 두고 사워 크림을 발라 주세요.

5 견과류를 살짝 뿌리고 그라나 파다노 치즈를 갈아 줍니다.

6 잘게 썬 이태리 파슬리와 영양부추도 뿌려서 장식합니다.

Plating Tip

배추 스테이크를 굽고 크림을 뿌릴 때 선을 그리면서 뿌려 주세요. 흩뿌리는 것보다 화이트 컬러감이 모여서 좀 더 그럴싸해 보입니다.

Microplane

단호박
오렌지 샐러드

Pumpkin Orange Salad

단호박 역시 사시사철 쉽게 구할 수 있는 재료입니다. 게다가 영양은 물론 맛도 달달해서 호불호가 없는 야채이기도 하죠. 또한, 샐러드 재료로 아주 유용합니다. 다른 재료를 손질할 때 전자레인지나 오븐에 넣어 두면 먹기 좋게 익어서 썰기도 편해지지요.

일단 단호박 맛이 달달하므로 약간의 짠맛은 맛의 조화로움을 위해 꼭 필요합니다. 저는 미몰레트 치즈를 썼는데, 컬러가 단호박과 똑같아 플레이팅의 조화로움을 줄 수 있어요. 게다가 오렌지 과육은 단호박의 퍽퍽함을 해소할 수 있도록 입안의 수분감을 더해 줍니다. 휘핑 크림치즈를 조금씩 떠서 얹으면 맛에도, 컬러감에도 화사함을 더해 줄 수 있습니다. 냉장고에 치즈 종류가 하나만 있다면 어쩔 수 없지만 두 가지 이상의 치즈를 쓰면 맛의 풍부함을 좀 더 느낄 수 있습니다. 몸에도 좋고 간편한 샐러드는 퇴근 이후에 먹기 딱이겠죠.

Ingredients

- to serve 3 -

단호박 1/2개
오렌지 1개
그릭 요거트 2큰술
화이트 발사믹 1큰술
미몰레트 치즈 약간
크림 치즈 약간
올리브 오일 약간
소금 약간
후추 약간
파프리카 가루 약간

CORNICABRA
Paysan Breton
Le Fromage Fouetté
Madame Loïk
NATURE AU SEL DE GUÉRANDE
MARQUE D'ÉLEVEURS ENGAGÉS
LAIT DE BRETAGNE & PAYS DE LA LOIRE
VACHES DANS LES PRÉS EN MOYENNE 200 JOURS/AN

1
2
3
4
5
6

Directions

1 단호박을 통째로 오븐이나 전자레인지에서 익힙니다.

2 오렌지 하나를 과육만 남기고 잘라 주세요.

3 익은 단호박 껍질을 벗겨서 세로로 잘 썰어 주세요.

4 접시에 그릭 요거트 2큰술을 스푼으로 펼쳐서 깔고 단호박을 얹은 다음, 오렌지 과육을 올려 주세요.

5 올리브 오일과 화이트 발사믹 1큰술, 소금 한 꼬집, 후추를 조금 뿌려 줍니다. 그리고 미몰레트 치즈도 갈아서 올려 줍니다.

6 크림 치즈를 군데군데 올리고, 파프리카 가루를 뿌려서 마무리합니다.

Plating Tip

단호박과 미몰레트 치즈, 오렌지를 쓴 이유는 맛도 어울리지만 그 컬러가 오렌지 빛깔로 비슷하기 때문입니다. 동일한 컬러지만 제각기 맛과 식감이 달라 맛이 더욱 풍부해집니다. 만약 이 재료가 없더라도 컬러가 비슷한 재료로 응용을 해보세요.

새우 퀴노아 샐러드

Shrimp Quinoa Salad

샐러드는 사실 간단한 요리지만, 생각보다 많은 시간을 들여 준비해야 하는 메뉴입니다. 게다가 여러 종류의 재료를 섞으려고 하면 좀 더 노력을 해야 하죠. 그래서 주말 저녁에 일주일 치를 미리 준비해 두면 퇴근 후 바로 먹을 수 있어 훨씬 편리합니다.

샐러드는 익은 재료와 생 재료가 섞였을 때 단조롭지 않아서 질리지 않고 먹을 수 있는 것 같아요. 이번 샐러드에는 냉동 새우를 데쳐서 사용했습니다. 제가 자주 냉동실에 두고 사용하는 식재료죠. 새우를 넣으면 탱글한 식감도 좋고, 짭조름한 맛이 며칠이 지나도 변하지 않더라고요. 특히 퀴노아와의 조합은 저녁 식사를 대신하는 것 같아 아주 좋습니다. 더불어 구워낸 붉은 피망은 달달한 맛을 내기 때문에 샐러드를 끝까지 맛있게 먹을 수 있게 합니다.

Ingredients

- to serve 5 -

새우 25개
시금치 1단
자몽 1개
붉은 피망 2개
퀴노아 100g

파프리카 갈릭 소스

통마늘 3알
샬롯 1개
소금 1작은술
레몬즙 2큰술
올리브 오일 6큰술
파프리카 가루 2작은술
후추 약간
딜 1줄기
이태리 파슬리 2줄기

1
3
4
5
6
7

Directions

| 파프리카 갈릭 소스 |

1 샬롯 1개, 소금 1작은술, 레몬즙 2큰술, 올리브 오일 6큰술, 파프리카 가루 2작은술, 후추를 약간 넣고 섞어 주세요. 이때 마늘과 샬롯은 잘게 다져주세요. 잘게 썬 딜과 이태리 파슬리도 함께 넣어 주세요.

| 새우 퀴노아 샐러드 |

2 새우 25개는 끓는 물에 소금 1큰술을 넣고 1분 30초 정도만 데쳐 주세요.

3 퀴노아 100g은 물 200ml를 넣고 10분간 끓여 줍니다.

4 붉은 피망은 직화로 돌려 가면서 구워 주세요 오븐에서 굽는다면 160도에서 3-40분 정도

5 익힌 붉은 피망의 껍질은 물로 씻어 벗겨 주세요.

6 껍질을 벗긴 피망은 세로로 썰어 주시고, 자몽은 과육만 잘라 주세요.

7 시금치는 깨끗이 씻어 물기를 제거해 주세요. 유리병 5개에 퀴노아, 새우 5개, 붉은 피망 조금, 자몽 과육, 시금치 순으로 넣고 냉장고에 보관합니다. 먹을 때 샐러드 소스를 부어 드시면 됩니다.

Plating Tip

붉은 피망과 익힌 새우, 레드 자몽의 컬러와 접시의 트리밍을 맞춰 봤어요. 음식에 다양한 컬러가 들어갔다면 접시도 비슷한 색으로 맞춰 주세요. 그래야 통일감이 느껴지거든요. 한 접시 안에 세 가지 이상의 컬러가 들어가지 않도록 플레이팅하는 요령입니다.

봄동 샐러드

Bomdong Salad

봄동은 봄을 가장 먼저 알리는 채소 중 하나였지만, 지금은 사시사철 언제든지 만나볼 수 있습니다. 보통 봄동이라고 하면 겉절이나 국거리 채소로 많이 알려져 있는데요. 사실 이 봄동은 치즈와 발사믹을 넣어 샐러드로 만들어 먹기에도 아주 좋은 재료입니다. 아삭한 식감과 달짝지근한 맛, 동시에 고소한 맛이 있어 생으로 먹기에 딱 좋기 때문이죠.

봄동의 가장 자리 잎은 조금 뻣뻣하니 국거리로 활용하고, 작고 부드러운 부분만 떼어 만들어 보세요. 그리고 봄동 샐러드에 들어가는 과일은 어떤 과일이라도 상관 없으니 냉장고에 남아 있는 것으로 활용하면 됩니다.

Ingredients

- to serve 2 -

봄동 1단
사과 1/2개
화이트 발사믹 1큰술
레몬즙 1큰술
트러플 소금 2꼬집
후추 약간
올리브 오일 약간
그라나 파다노 치즈 소복할 정도
크림 치즈 1큰술

Dehesa
el Molinillo
TRADICIÓN
Aceite de Oliva
Virgen Extra
CORNICABRA

1
2
4
5
6

Directions

1 봄동은 꽃모양의 중앙 부분만 따로 떼어 밑동을 남긴 채 다듬어 씻어 둡니다. 나머지 잎들 중에 여리고 깨끗한 것들만 따로 떼어 씻어 두세요.

2 사과는 껍질을 벗기고, 가늘게 채 썰어 주세요.

3 채를 썬 사과에 화이트 발사믹 1큰술, 레몬즙 1큰술을 넣고 고루 고루 섞어 줍니다. 이렇게 하면 오래 신선한 맛을 느낄 수 있고 갈변도 막을 수 있어요.

4 접시에 봄동의 겉잎사귀를 깔고 중심에 잘라둔 봄동을 놓아 꽃처럼 플레이팅합니다. 사과를 여기저기 올리고 올리브 오일도 둘러 주세요.

5 크림 치즈를 포크로 떠서 나이프를 이용해 군데군데 올려 주세요.

6 그라나 파다노 치즈도 소복하게 갈아 올려 주세요. 트러플 소금을 2꼬집 정도 뿌리고, 후추를 갈아 마무리합니다.

Plating Tip

봄동 모양을 살려서 플레이팅 하는 것이 요령입니다. 중심부의 잎사귀는 남겨 두고 나머지는 하나하나 떼어서 방사형으로 접시에 놔주세요. 커다란 꽃이라고 생각하면 됩니다.

브로콜리 수프

Broccoli Soup

브로콜리는 비타민C와 식이섬유가 풍부해서 즐겨 먹는 야채 중 하나입니다. 저는 특히나 수프로 끓여서 먹는 것을 좋아하는데요. 수프로 먹으면 간단하기도 하고, 영양가가 가장 많이 들어있는 줄기까지 브로콜리 한 송이를 전부 활용할 수 있죠. 부드러운 맛을 내기 위해 생크림이나 우유를 넣어 주세요. 저녁에 탄수화물 섭취가 부담스럽다면 감자는 넣지 않아도 됩니다. 하지만 감자가 들어가면 고소한 맛과 포만감이 있어 확실히 더 맛있기는 합니다.

Ingredients

- to serve 2 -

브로콜리 1송이
감자 1개
양파 1/2개
통마늘 1알
생크림 100ml
소금 1/2큰술
물 200ml
올리브 오일 1큰술
후추 약간

pyrex
8 oz
6 oz

1
2
3
4
5
6

Directions

1 브로콜리는 끓는 물에 소금을 넣고 데칩니다.

2 감자와 양파, 마늘은 모두 1-2cm 두께로 썰어 주세요. 브로콜리는 줄기까지 잘 썰어 줍니다.

3 올리브 오일을 두른 냄비에 감자, 양파, 마늘, 브로콜리 줄기를 넣고 볶다가 절반 정도 익으면 나머지 브로콜리 송이를 넣고 물 200ml 추가한 후 끓여 주세요.

4 감자가 완전히 익으면 핸드 믹서로 갈아 주세요. 그리고 생크림 100ml를 추가한 후 한 번 더 갈아 주세요.

5 중간 불에서 한 번 더 끓입니다. 이때 소금은 1/2큰술 정도 넣고 후추도 뿌려 간을 맞춰 줍니다. 이때 물이나 우유로 원하는 농도를 만들어 주세요.

6 수프볼에 담고 생크림과 브로콜리 송이로 장식을 합니다.

Plating Tip

브로콜리 수프는 초록빛 컬러가 포인트입니다. 다른 허브를 사용하지 않고 브로콜리 송이만 잘게 잘라 뿌려도 색깔을 잘 표현할 수 있어요.

토마토 양송이 스튜

Tomato Mushroom Stew

수프는 부드럽고 건더기가 없는 것이라면, 스튜는 재료의 원형이 그대로 살아 있는 국물 요리를 말합니다. 건더기가 있으니 씹는 맛도 좋고, 따뜻한 국물이 있어 퇴근 후 피로감을 확 풀어준다는 점도 스튜만의 매력이죠. 하지만 저녁에 국물 요리를 자주 먹다보면 살에 대한 죄책감에 시달리게 됩니다. 게다가 밥이나 빵과 함께 이틀만 먹어도 몸무게는 확 불어나서 또 다른 피로감으로 전해집니다. 그래서 다만 일주일에 며칠이라도 최대한 탄수화물과 나트륨 섭취는 피하면 좋을 것 같았어요. 그때 만들어 먹으면 좋은 메뉴가 야채 스튜입니다.

베이스는 시원한 토마토로 만들고, 야채는 냉장고에 남은 야채를 사용하시면 됩니다. 토마토는 직접 잘라 만들 수도 있으나, 간편함을 생각한다면 토마토 캔을 이용해도 좋습니다. 단, 저는 시판용 스톡은 사용하지 않아요. 시판용 스톡에는 특유의 인위적인 향이 있어서 야채 본연의 맛을 가릴 수 있기 때문이죠. 몇 개의 야채만 넣고 끓여도 시원한 맛이 나기 때문에 사실 다른 조미료가 필요 없습니다. 20분이면 완성되는 따끈한 스튜가 맛도 좋고 몸에도 좋다면 자주 먹을 수 있겠죠.

Ingredients

- to serve 2 -

브로콜리 1/4송이
콜리플라워 1/4송이
노란 콜리플라워 1/4송이
로마네스코 브로콜리 1/4송이
양송이 16개
양파 1/2쪽
통마늘 1알
다진 토마토 캔 1통[400g]
파프리카 가루 1작은술
큐민 가루 1작은술
오레가노 1작은술
소금 1/2큰술
후추 약간
올리브 오일 약간

LA TOURANGELLE
ARTISAN MADE
ORGANIC
EXTRA VIRGIN
OLIVE OIL
HUILE D'OLIVE EXTRA VIERGE
COLD PRESSED | EARLY HARVEST
DE CECCO
dal 1886
POLPA
A PEZZETTONI

1

1

3

4

5

5

Directions

1 브로콜리, 콜리플라워, 로마네스코 브로콜리, 양송이를 모두 한 입 크기로 잘라 주세요.

2 양파 1/2개는 잘게 자르고 통마늘 1알도 잘게 다져 주세요.

3 올리브 오일을 두른 팬에서 마늘을 볶다가 잘게 썬 양파를 넣고 투명해질 때까지 볶아 주세요.

4 자른 양송이를 볶다가 모든 브로콜리와 콜리플라워, 소금 1/2큰술을 넣고 소금 간이 스며들 정도로만 가볍게 볶아 주세요.

5 다진 토마토 캔 1통, 물 400ml, 파프리카 가루 1작은술, 큐민 가루 1작은술과 오레가노 1작은술을 넣어 줍니다.

6 뚜껑을 닫고 20분 정도 푹 끓여 줍니다.

Plating Tip

스튜는 특별한 플레이팅이 필요 없지만 움푹한 파스타볼이나 스프볼을 활용하면 예쁘게 담을 수 있어요. 또한, 재료의 사이즈는 한입 크기가 좋고 뭉개지지 않도록 만드 것이 맛있어 보이는 팁입니다.

크로크무슈
크로크마담
오이 샌드위치
바나나 프렌치 토스트와
시나몬 버터
크러쉬드 포테이토
치즈 수플레
초코 수플레
베이컨 에그 크레페
플로팅 아일랜드
버터넛 샐러드

Croque Monsieur
Croque Madame
Cucumber Sandwich
Banana French Toast and Cinnamon Butter
Crushed Potatoes
Cheese Soufflé
Chocolate Soufflé
Bacon and Egg Crêpe
Floating Island
Butternut Salad

Chapter 5

토요일에는 브런치

파리에서 맞는
근사한 아침을 상상하며,
너와 나를 위한 메뉴

크로크 무슈

Croque Monsieur

크로크무슈Croque-monsieur는 빵 사이에 베샤멜 소스를 바르고 햄과 치즈를 올린 뒤 오븐에 구워서 만든 프랑스식 샌드위치입니다. 이름의 유래는 '바삭한'을 뜻하는 'Croque', '아저씨'를 뜻하는 'Monsieur'를 합친 말입니다. 크로크무슈는 19세기 이전부터 만들어 먹었던 오랜 역사가 있는 프랑스의 따뜻한 샌드위치입니다.

보통 프랑스에서는 점심 식사로 바게트 속에 햄과 치즈를 넣는 차가운 샌드위치를 많이 먹습니다. 하지만 여름을 제외하면 대체로 파리의 날씨는 스산하기 때문에 매번 차가운 샌드위치를 먹기란 참 힘들었죠. 아무리 바쁜 점심이라도, 따뜻한 음식을 먹어야 몸도 마음도 따뜻해지니까요. 그래서인지 저는 따뜻한 상태로 나오는 크로크무슈가 바게트보다 좋았습니다. 부드러운 빵 속에 햄의 짭짤한 맛, 그리고 이를 중화시키는 베샤멜 소스와 치즈의 조화로운 맛까지. 언제 어디서 먹어도 실패가 없는 메뉴였어요.

크로크무슈가 햄치즈 샌드위치와 다른 점은 베샤멜Béchamel 소스가 들어가 있다는 점입니다. 이름만 들으면 자칫 만들기 번거로운 소스일 것이라는 생각이 들지만, 버터와 밀가루를 녹인 루에 우유만 넣은 소스랍니다. 만들어 놓고 수프를 만들 때나 파스타, 라자냐 만들 때 이용하면 매우 편리합니다. 일주일 정도는 냉장고에 두고 먹을 수 있으니 참고하세요.

크로크 마담

Croque Madame

크로크마담은 크로크무슈에 달걀 프라이를 올린 따뜻한 샌드위치를 말합니다. 만드는 방법은 크로크무슈와 동일해요. 간단히 말해 크로크무슈 위에 달걀 프라이를 올리면 크로크마담입니다.

저는 달걀 프라이를 서니 사이드 업으로 익혔습니다. 노른자를 터뜨려 약간 흘러 내리게 연출해 보았어요. 달걀 프라이의 익힘 정도는 각자의 취향에 맞게 만들면 됩니다. 샌드위치 위에는 그라나 파다노 치즈를 보슬보슬하게 듬뿍 갈아 올렸습니다. 이렇게 하면 보기에 더욱 먹음직스러워 보일 뿐만 아니라 함께 넣은 다른 치즈들과 어우러져 풍부한 맛을 낼 수 있어요.

일반적으로 샌드위치 속에 들어가는 치즈는 그뤼에르 Gruyère 치즈를, 햄은 잠봉 Jambon 이라고 돼지의 엉덩이살이나 넙적다리살로 만든 것을 사용합니다. 사실 여기에 들어가는 치즈나 햄의 종류는 어떤 것이든 상관없습니다. 저도 시중에서 쉽게 구할 수 있는 햄과 모짜렐라 치즈, 그라나 파다노 치즈로 만들어 봤어요.

Ingredients

- to serve 2 -

크로크무슈 · 크로크마담

버터 15g
밀가루 15g
우유 150ml
소금 약간
후추 약간
식빵 4장
슬라이스 햄 4~6장
모짜렐라 혹은 그뤼에르 치즈 어떤 치즈나 가능, 취향껏
그라나 파다노 치즈 취향껏
달걀 오직 크로크마담에만 1개

pyrex
8 oz
1 cup

1
3
4
5
7

SCAN ME

Directions

1 버터 15g을 약한 불에서 서서히 녹이다가 밀가루 15g을 넣고 휘저어 주세요. 그리고 소금 한 꼬집, 후추 약간으로 간을 합니다.

2 우유 150ml를 넣고 휘저어 걸쭉해지면 불을 끕니다.

3 식빵 한 쪽에는 베샤멜 소스를 발라 주세요.

4 햄을 2~3장 올리고 모짜렐라 치즈를 위에 얹은 다음, 다른 쪽 빵에 베샤멜 소스를 바르고 덮어 주세요.

5 덮은 샌드위치의 윗면에 베샤멜 소스를 다시 바르고 모짜렐라 치즈를 올려 주세요. 프라이팬 혹은 오븐에서 노릇해질 때까지 구워 주세요. 치즈를 잘 녹이기 위해서는 오븐을 추천합니다.

6 크로크무슈는 7번으로 넘어가세요. 크로크마담을 만들 때만 달걀 프라이를 구워 샌드위치 위에 올리면 됩니다.

7 그라나 파다노 치즈를 듬뿍 갈아 올려 마무리합니다.

Plating Tip

단면이 보이도록 높이 쌓은 것이 플레이팅의 포인트입니다. 그리고 구워진 토스트 위에 그라나 파다노 치즈를 가늘고, 보슬보슬하게 뿌려 장식해 주면 좀 더 새로운 크로크무슈가 완성됩니다.

오이 샌드위치

Cucumber Sandwich

저는 오이 샌드위치 하면 떠오르는 것이 있습니다. 얇게 저민 오이가 들어간 작은 트라이앵글 모양의 빵인데요. 가끔 애프터눈 티 세트에 담겨 나와 과도한 달달함을 씻어 주는 역할을 하죠. 누군가에게는 오후 간식일 수 있겠지만 저에겐 한가롭고 여유로운 여행지에서 즐기는 메뉴인 것 같아요. 실제로 오이 샌드위치의 유래는 영국에서 시작되었는데요. 중세에는 상류층들만 먹던 사치스러운 음식이었다고 합니다. 오이는 영양가가 거의 없어서 충분히 영양가 있는 음식을 섭취하는 귀족들만이 과시하면서 먹을 수 있는 음식이었던 것이죠. 지금은 재료도 간단하고 가격도 저렴해서 편하게 먹을 수 있는 음식이 되었습니다. 게다가 오이는 칼로리가 낮아 다이어트를 항상 고민하는 현대인들에게 더 없이 좋은 재료입니다.

저는 여행지에서 먹었던 애프터눈 티 느낌을 살려 화려한 오이 샌드위치를 제안해 보려고 합니다. 하얀 식빵을 이용해도 좋겠지만 저는 남은 바게트가 있어서 겉부분은 자르고 부드러운 속 빵만 가지고 만들어 봤어요. 그리고 브리 치즈와 체다 커드를 얹어 장식을 하고, 바질맛 캐비아도 올려 화려함을 더해 봤어요. 바질맛 캐비아 대신 그린 계열의 허브로 장식해도 좋습니다. 플레이팅의 기본은 색상 조합이니까요.

Ingredients

- to serve 2 -

식빵 2장 혹은 바게트 속 부분
오이 1/4개
딜 3줄기
마요네즈 2큰술
체다 커드 2~3조각
브리 치즈 약간
카비아롤리 바질맛 약간
로즈마리 약간

MADE WITH
FREE RANGE
WHOLE EGGS

1
2
3
4
5
6

Directions

1 딜 3줄기를 잘게 썰어 마요네즈 2큰술에 잘 섞어 주세요.

2 오이는 채칼로 슬라이스 해둡니다.

3 식빵의 한 쪽 면에 1번을 잘 바르고 반복합니다.

4 쌓아 올린 가장 윗부분에 오이 슬라이스를 일자로 깔아 주세요. 슬라이스한 다른 오이를 볼륨 있게 접어 올리고, 브리 치즈도 굵직하게 잘라 체다 커드와 함께 얹어 주세요.

5 토치를 사용해 치즈를 살짝 녹여 고정해 주세요.

6 카비아롤리 바질맛으로 장식하고, 로즈마리 잎사귀를 꽂아 주세요.

Plating Tip

화려하게 장식하기 위해서는 샌드위치 위에 가니쉬를 쌓는 기술이 중요합니다. 치즈는 큐브로 만들어 풍성하게 올려 주세요. 토치로 치즈를 녹여 주면 가니쉬가 고정되고, 먹음직스러운 컬러도 연출할 수 있습니다.

바나나 프렌치 토스트와 시나몬 버터

Banana French Toast And Cinnamon Butter

프렌치 토스트를 하는 방법은 어느 집이나 각각의 노하우가 있을 것 같아요. 어린 시절에 엄마가 해준 프렌치 토스트도 참 맛있었습니다. 저희 엄마는 계란물에 푹 적신 빵을 마가린과 함께 구워 작게 잘라주셨거든요. 그렇게 만든 토스트와 딸기잼을 함께 먹으면 정말 맛있었습니다. 고소한 마가린의 맛과 잼의 달콤함이 잘 어우러지는 최고의 간식이었죠. 요즘은 다양한 향과 맛이 나는 버터도 많아서 좋아하는 버터와 생과일을 응용하면 또 다른 맛의 프렌치 토스트를 만들 수도 있을 거예요.

식빵을 계란과 우유에 푹 적신 전형적인 기본 방식은 유지하되 사이에 바나나를 으깨서 넣어 주면 부드러운 달콤함으로 가득해집니다. 특히 버터에 시나몬 가루를 넣어 시나몬 버터를 만들어 봤어요. 만드는 방법도 쉽고, 버터 하나로 토스트가 특별해집니다. 깊고 풍부한 시나몬향은 토스트의 고소함을 극대화시켜 줍니다. 나른한 주말 오후 책을 읽으며 진한 커피 한 잔과 함께 즐긴다면 그 맛은 배가 되고, 일주일의 피로함이 모두 사라질 거예요.

Ingredients

- to serve 2 -

시나몬 버터

무염 버터 200g
시나몬 가루 2큰술
슈가 파우더 4큰술
꿀 2큰술
소금 1/4작은술

프렌치 토스트

식빵 4장
바나나 2개
달걀 1개
우유 100ml
소금 1/4작은술
빵가루 3큰술

BUTTER
GRADE AA

1

1

2

5

6

Directions

1 무염 버터 200g에 시나몬 가루 2큰술, 슈가 파우더 4큰술, 꿀 2큰술, 소금 1/4작은술을 넣고 핸드 믹서로 잘 섞어 주세요.

2 버터를 용기에 담고 종이 호일로 커버를 만들어 보관하면 냉장고에서 한 달 정도는 맛있게 먹을 수 있습니다.

3 바나나 2개를 포크로 잘 으깨서 식빵에 두껍게 바른 뒤, 나머지 하나의 식빵으로 덮어 주세요.

4 달걀에 우유 100ml와 소금 1/4작은술을 넣어 잘 풀어 준 다음 3번 식빵을 담가 푹 적셔 주세요.

5 4번에 담갔던 식빵에 빵가루를 골고루 묻혀 약불에서 노릇하게 구워 주세요. 빵가루가 없을 때는 식빵 뚜껑을 토스트해서 잘게 부순 뒤 사용해도 좋아요.

6 접시에 먹기 좋게 토스트를 반으로 잘라 올립니다. 시나몬 버터를 크게 한 스쿱 떠서 토스트 옆에 타원형 모양으로 배치해 주세요. 그 위에 슈가 파우더를 솔솔 뿌려 마무리합니다.

Plating Tip

토스트에 달걀물을 입힌 다음 빵가루를 또 묻히는 이유는 중간에 들어 있는 바나나 퓨레가 미끄러워 형태가 무너지는 것을 방지하기 위해서예요. 그리고 시나몬 버터를 접시에 예쁘게 놓고 싶다면 스푼 두 개를 이용해 보세요. 타원형의 모양을 쉽게 만들 수 있어요.

OUR KOREAN KITCHEN
THE RECIPE OF HOME
CHARLES & RAY EAME
THE ART OF
ESCAPISM COOKING
FASHION
LES ANNÉES HERMÈS
KUNSTHALLE ZURICH
MARGIELA
CHANEL
CATWALK

크러쉬드 포테이토

Crushed Potatoes

로스엔젤레스로 여행을 갔을 때 으깬 알감자와 버거 세트를 먹은 적이 있어요. 통감자인데 바삭하고 고소한 맛이 햄버거보다 더 맛있더라고요. 맛이 너무 좋아 그곳에서 점심을 여러 차례 먹었습니다. 프렌치 프라이 대신 모든 사이드 메뉴로 살짝 으깬 감자를 주더군요. 이때의 기억을 담아 응용한 레시피입니다.

여기서 중요한 포인트는 감자 껍질인데요. 감자는 껍질을 벗기지 않은 상태로 삶아 주세요. 아삭한 식감을 살리기도 좋고, 깨끗이 씻어 삶기만 하면 되니 편합니다. 감자만 바삭하게 구우면 토핑은 자유롭게 창의력을 발휘해 얹을 수 있어요. 저는 구운 베이컨과 간 치즈, 프로마쥬 블랑을 올려봤어요. 바삭하게 구운 베이컨은 감자와 무조건 어울리는 재료죠. 아마 극강의 고소함을 느끼실 수 있을 거예요. 거기에 프로마쥬 블랑까지 더해지면 부드러운 향과 약간의 신선한 산미를 느낄 수 있어 감자에 계속 손이 가게 될 거랍니다. 무엇보다 먹음직스러워서 그 비주얼이 눈길을 사로잡을 거예요.

Ingredients

- to serve 2-3 -

감자 6-7개
베이컨 3줄
다진 마늘 2작은술
그라나 파다노 치즈 취향껏
미몰레트 치즈 취향껏
프로마쥬 블랑 취향껏
딜 2줄기
이태리 파슬리 4줄기
소금 약간
후추 약간
버터 50g

LEAFY GREEN
HERBS
Isigny Ste Mère
Spécialité laitière
au Fromage
Blanc
DE NORMANDIE-FRANCE
28/05/2022
R333

1
3
5
6
7
8-9

Directions

1 껍질을 까지 않은 상태로 감자를 삶은 다음 오븐 베이커에 넣고 작은 그릇이나 주걱으로 한 번만 눌러 으깨 주세요.

2 버터 50g에 다진 마늘 2작은술을 넣고, 소금 1작은술을 넣어 전자레인지에서 녹입니다.

3 녹인 갈릭 버터에 잘게 썬 이태리 파슬리를 섞어 주세요.

4 으깬 감자에 갈릭 버터 소스를 바르고, 오븐에 넣어 180도에서 구워 주세요.

5 감자 윗부분이 노릇해지면 뒤집어서 갈릭 버터 소스를 다시 발라 줍니다.

6 감자를 굽는 동안 베이컨을 바삭하게 굽고 잘게 잘라 두세요.

7 그라나 파다노 치즈와 미몰레트 치즈는 굵직하게 갈아 둡니다.

8 바삭하게 구운 감자를 접시에 올리고, 갈아 둔 그라나 파다노 치즈, 미몰레트 치즈를 뿌립니다. 프로마쥬 블랑도 스푼으로 떠서 군데군데 놓아 주세요.

9 구운 베이컨과 함께 이태리 파슬리도 골고루 뿌려 줍니다.

Plating Tip

알감자 사이사이 빈 공간에 프로마쥬 블랑을 넣어 주세요. 베이컨은 바싹 구워서 기름을 빼고 잘게 부쉈을 때 플레이팅이 좀 더 섬세해 보입니다. 베이컨의 색감이 돋보이게 하려면 하얀 프로마쥬 블랑 주위로 뿌려주세요.

LA BOTTEGA
DEL
CHIANTI

치즈 수플레

Cheese Soufflé

제가 처음 프랑스에 갔을 때 먹은 레스토랑 음식 중 가장 기억에 남는 메뉴입니다. 따뜻하고 폭신한 빵이 샐러드와 함께 나와서 식사용으로 아주 만족하며 먹었던 기억이 납니다. 치즈 맛이 자극적이지 않으면서 입안에 떠 넣으면 녹는 듯한 부드러운 식감이 그 당시에는 먹어 보지 못한 맛이었습니다. 그리고 디저트로 초코 수플레까지 먹었던 기억이 나네요. 시간이 흘러 한국으로 돌아와 수플레 메뉴가 있는 레스토랑을 가려고 했지만 쉽게 찾을 수 없었어요. 아쉬운 마음에 여러 가지 레시피를 뒤적이며 그때 먹었던 맛과 가장 비슷한 맛을 찾게 되었답니다. 그 뒤로 가끔씩 만들어 먹는 메뉴가 됐어요.

우리나라는 단 것, 짠 것 이렇게 말하듯이 프랑스에서는 짠 것 Salé 은 식사용, 단 것 Sucré 은 디저트용 음식으로 나눕니다. 프랑스 여행을 가셨을 때 메뉴판의 음식이 살레와 수크레로 나뉘어 있는 것을 보게 된다면, 식사용과 디저트용의 표시라고 이해하시면 됩니다. 수플레는 부풀어오른다는 뜻으로 오븐에서는 부풀었다가 나오자마자 꺼지기 시작합니다. 손님을 초대했다면 손님이 도착한 뒤 수플레를 오븐에 넣어 주세요. 빵빵하게 부풀어오른 수플레를 20분이면 완성할 수 있습니다. 치즈 수플레가 일단 오븐에 들어가면 절대 열어 보지 마세요. 찬 공기 때문에 수플레가 꺼질 수 있어요.

Ingredients

- to serve 5 -

달걀 5개
밀가루 50g
버터 50g
우유 250ml
모짜렐라 150g
콩테 치즈 약간
소금 1/4작은술
설탕 1큰술

1
1
2
3
4
5

Directions

1 먼저 베샤멜 소스를 만들어야 합니다. 버터 50g과 밀가루 50g으로 루를 만들어 주세요 여기에 우유 250ml를 넣고 저어 주면 베샤멜 소스가 만들어 집니다.

2 노른자 5개를 1번에 조금씩 넣으면서 휘젓다가 치즈 150g을 추가해 잘 섞어 주세요.

3 흰자 5개를 핸드 믹서로 휘핑해 주세요. 이때 슈가 파우더 1큰술과 소금 1/4작은술을 넣어 주세요. 슈가 파우더 대신 설탕을 넣어도 됩니다.

4 3번의 완성된 머랭을 조금씩 2번에 넣어 가며 잘 섞어 주세요.

5 예열된 오븐에서 180도로 20분간 구워 줍니다.

6 간단한 그린 샐러드와 함께 먹어도 좋고, 당근 라페를 곁들이는 것도 추천해요.

Plating Tip

반죽을 용기에 90%정도 채워 주면 약간 흘러넘치는 모습으로 먹음직스럽게 완성됩니다. 게다가 수플레는 꺼내자마자 꺼지기 시작하기 때문에 오븐 속에서 너무 부풀었다 싶어도 겁내지 마세요.

초코 수플레

Chocolate Soufflé

초코 수플레는 따뜻한 커피와 함께 먹으면 참 잘 어울리는 디저트입니다. 물론 짭짤한 치즈 수플레를 먹고 난 뒤 디저트로도 최고죠. 머랭을 만들어서 부풀리는 것은 치즈 수플레와 같지만, 밀가루가 들어가지 않아 정말 가볍고 달콤한 맛을 즐길 수 있습니다. 초코 수플레 역시 오븐에서 꺼내고 난 직후부터 가라앉기 때문에 미리 구워두는 것보다 먹기 전에 바로 굽는 편이 좋습니다. 오븐에 들어간 다음에는 절대 오븐을 열면 안됩니다. 찬 공기가 들어가면 수플레가 꺼지기 시작하거든요.

Ingredients

- to serve 4 -

초콜릿 100g
우유 200ml
달걀 노른자 2개
옥수수 전분 1큰술
흑설탕 약간
버터 약간
달걀 흰자 머랭용 4개
슈가 파우더 5큰술

2
4
5
6
6
7
8

Directions

1 초콜릿 100g을 중탕으로 녹여 주세요.

2 달걀 노른자 2개에 슈가 파우더 1큰술, 옥수수 전분 1큰술을 넣고 잘 저어 주세요.

3 따듯하게 데운 우유 200ml를 2번에 조금씩 넣어가며 저어 준 다음 다시 데워 주세요. 약불에서 잘 저으면 걸쭉해집니다. 녹인 초콜릿을 잘 섞어 줍니다.

4 달걀 흰자 4개에 슈가 파우더 4큰술을 나눠서 넣고 휘핑해 주세요. 믹싱볼을 뒤집어서 머랭이 그대로 있으면 완성입니다.

5 3번에 4번 머랭을 조금씩 부드럽게 섞어 주세요.

6 용기에 버터를 바르고 흑설탕 혹은 슈가 파우더를 뿌려서 코팅해 주세요. 수플레가 부풀어오를 때까지 용기에서 잘 떨어지게 만드는 역할을 합니다. 초코 수플레 반죽을 잘 나눠서 담아 주세요.

7 180도로 예열된 오븐에서 20분만 구워 주세요. 오븐을 중간에 열면 수플레가 꺼지므로 주의하세요.

8 잘 부풀어오른 초코 수플레에 슈가 파우더를 뿌리면 완성입니다.

Plating Tip

디저트용이므로 작고 아담한 사이즈의 용기를 사용하는 것이 좋습니다. 다 구워진 수플레에 슈가 파우더를 뿌리면 대비가 극대화되는 효과를 줍니다.

베이컨 에그 크레페

Bacon and Egg Crêpe

프랑스에는 크레페 살레 Crêpe Salée 라고 부르는 짭짤한 크레페와 크레페 수크레 Crêpe Sucrée 라고 부르는 달달한 크레페가 있습니다. 앞에서 언급한 수플레처럼 짭짤한 크레페는 식사용, 달콤한 크레페는 디저트용입니다.

사실 크레페 위에는 어떤 재료든 올려 먹으면 됩니다. 야채, 고기, 햄, 치즈 등 냉장고에 있는 재료만 가지고도 만들 수 있는 요리죠. 그래도 가장 대표적으로 떠오르는 맛은 에그 베이컨 치즈입니다. 치즈, 베이컨, 햄의 종류는 중요하지 않습니다. 대신 크레페를 얇고 바삭하게 부쳐야 맛이 좋아요. 메밀가루를 활용해 바삭하고 고소한 갈레뜨 Galette 를 만들려고 했지만, 우리나라 메밀로는 파리의 맛을 재현하기 힘들었어요. 우리와 달리 프랑스 메밀가루는 바삭하고 찰기가 없는 편인데, 국내에서는 구하기 어렵거든요. 그 대신 대안으로 밀가루를 추천합니다. 밀가루와 우유는 같은 양을 사용하면 되고, 반죽은 국자로 떠서 주르륵 흐를 정도로 묽어야 얇은 크레페를 만들 수 있어요.

Ingredients

- to serve 2 -

밀가루 120g
우유 200ml
모짜렐라 조금
달걀 3개
버터 40g
베이컨 3줄
미몰레트 치즈 취향껏
그라나 파다노 치즈 취향껏
딜 1줄기
타라곤 1줄기
소금 약간
후추 약간
올리브 오일 취향껏

1
2
3
4
5
6

Directions

1 밀가루 120g에 달걀 1개, 소금 1/2작은술, 설탕 4작은술, 버터 40g을 녹여서 넣고, 우유 200ml도 넣어 잘 섞어 줍니다.

2 베이컨은 바삭하게 구워 주세요.

3 크레페 밀대를 이용해 원형으로 돌려가며 얇게 부칩니다.

4 달걀 하나를 깨서 노른자가 중앙에 오게 하고, 모짜렐라 치즈와 미몰레트 치즈를 뿌립니다.

5 가장자리를 잘 접어서 구워 줍니다.

6 구운 베이컨을 올리고, 미몰레트 치즈와 그라나 파다노 치즈를 갈아 올린 후 허브로 장식합니다. 그리고 후추와 올리브 오일을 뿌리고 마무리 합니다.

Plating Tip

달걀을 크레페 중심에 예쁜 모양으로 자리 잡게 하려면 흰자 부분을 스푼으로 퍼트려 익히면서 노른자 위치를 잡아 주면 됩니다. 치즈와 베이컨을 올리고 네모로 접은 다음, 베이컨은 손으로 부숴서 러프하게 뿌려 주세요. 치즈도 노른자 주변으로 더 뿌리면 됩니다.

SASSY

플로팅 아일랜드

Floating Island

머랭과 커스터드 크림으로 만든 일 프로텅트 Îles Flottantes 라는 프랑스 전통 디저트입니다. 커스터드 크림 위에 머랭이 둥둥 떠 있어서 플로팅 아일랜드라고도 부르죠. 이름부터 시적인 이 프렌치 디저트는 아주 단순한 재료로 만들 수 있지만, 플레이팅과 그 맛은 단순하지 않습니다. 모습과 맛이 너무 매력적이어서 프렌치 레스토랑에 가면 늘 시키던 디저트 메뉴입니다. 폭신한 머랭과 달콤한 커스터드 크림이 입안을 부드럽게 맴도는 매력적인 디저트죠. 머랭의 달걀 냄새에 민감할 수 있어 레몬즙을 넣었더니 상큼함이 더해져 더 맛있더라고요. 대신 레몬의 산성분이 머랭을 꺼지게 할 수 있으니, 꼭 머랭이 완성된 후 마지막에 넣어 주세요.

Ingredients

- to serve 2 -

달걀 2개
우유 200ml
슈가 파우더 90g
바닐라 빈 1줄
레몬즙 2큰술

pyrex
8 oz

1
2
3
5
6
7

Directions

| 커스터드 크림 |

1 달걀 노른자 2개에 슈가 파우더 30g을 넣고 녹입니다.

2 우유 200ml에 바닐라 빈을 넣고 따뜻하게 우유를 데워 주세요. 바닐라 빈이 없으면 액상 바닐라로 대체해도 됩니다.

3 1번에 2번을 넣고 약불에서 저으며 천천히 걸쭉해질 때까지 잘 저어 주세요.

| 머랭 |

4 흰자 2개에 60g의 슈가 파우더를 3번 나눠서 머랭을 쳐 주세요.

5 머랭이 완성되었을 때 레몬즙을 2큰술 넣고 섞어 주세요.

6 볼에 머랭을 담아 전자레인지에 30초~1분 정도 익혀 주세요.

7 컵에 커스터드 크림을 붓고 익힌 머랭을 그 위에 얹어 주세요.

Plating Tip

플로팅 아일랜드는 커스터드 크림 위에 머랭이 둥둥 떠 있는 모습이 포인트이므로 머랭이 커스터드 크림 위로 보여야 합니다. 만약에 머랭이 커스터드 크림 속으로 들어가 보이지 않는다면 하나를 더 쌓아 올려 주면 됩니다.

버터넛 샐러드

Butternut Salad

버터넛 스쿼시 Butter Squash 라는 땅콩 같이 생긴 호박을 보신 적이 있으실 거예요. 버터나 견과류처럼 고소하고 달달한 맛도 가지고 있어서 그냥 구워 먹어도 아주 훌륭합니다. 요즘은 우리나라에서도 재배를 하기 때문에 쉽게 구할 수 있어요. 껍질이 무척이나 얇아서 깎지 않고 먹어도 전혀 거부감이 없을 정도죠. 그래서 버릴 것 없이 손질도 간단합니다. 버터넛 샐러드는 버터넛 스쿼시를 오븐에 굽는 동안 그린 샐러드와 요거트만 준비하면 되는 아주 간단한 레시피입니다. 레몬 대신 라임을 사용한 이유는 루꼴라와 같은 컬러감을 줄 수 있어 좋고, 요거트와도 잘 어울려서입니다.

Ingredients

- to serve 2 -

버터넛 스쿼시 1개
루꼴라 30g
그릭 요거트 4큰술
라임 1/2개
퀴노아 100g
올리브 오일 취향껏
화이트 발사믹 취향껏
소금 약간
후추 약간

1
2
3
5
7
8

Directions

1 버터넛 스쿼시를 반으로 잘라 씨를 파냅니다.

2 소금, 후추, 올리브 오일을 뿌려 주세요.

3 예열된 오븐에서 180도로 20분간 구워 주세요.

4 루꼴라에 소금, 후추, 올리브 오일, 화이트 발사믹, 그라나 파다노 치즈를 뿌려서 버무려 주세요.

5 그릭 요거트 4큰술에 라임 제스트와 라임즙 1/2개를 넣고 잘 섞어 줍니다.

6 퀴노아 100g에 물 100ml를 부어 15분간 삶고, 소금, 후추, 올리브 오일, 화이트 발사믹을 넣어 잘 섞어 줍니다.

7 접시에 익은 버터넛 스쿼시를 올리고 움푹 들어간 부분에 퀴노아를 채워 주세요. 루꼴라 샐러드는 버터넛 스쿼시 주변으로 깔아 주세요.

8 라임 요거트를 스푼으로 떠서 호박에 흘러 내리듯 올리고 라임 제스트로 마무리합니다.

Plating Tip

버터넛 스쿼시는 껍질이 얇고 부드러워서 벗길 필요가 없어요. 껍질 그대로 구워야 모양이 더 예쁩니다. 중심의 씨앗을 제거하고 그 부분에 퀴노아나 버터, 혹은 샐러드 소스를 넣어 보세요. 귀여운 조롱박 모양으로 플레이팅을 살릴 수 있습니다.

Lunch in Paris
A Guide from the Real Experts
The Hidden Facts Of Fashion
FASHIONARY
COLLECTING DESIGN
OUR KOREAN KITCHEN
COOK with JAMIE
mandy lee
TASCHEN
FASHION
100 INTERIORS AROUND THE WORLD
Barber Osgerby
MARGIELA
MARK

요리하는 패션 디자이너
르쁠라의 비주얼 레시피

집으로 초대

초판인쇄 2023년 5월 15일
초판발행 2023년 5월 15일

글 · 사진 박민지
발행인 채종준

출판총괄 박능원
책임편집 박능원 · 조지원
디자인 박능원
마케팅 문선영 · 전예리
전자책 정담자리
국제업무 채보라

브랜드 크루
주소 경기도 파주시 회동길 230(문발동)
문의 ksibook13@kstudy.com

발행처 한국학술정보(주)
출판신고 2003년 9월 25일 제406-2003-000012호
인쇄 북토리

ISBN 979-11-6983-235-9 13590

크루는 한국학술정보(주)의 자기계발, 취미 등 실용도서 출판 브랜드입니다.
크고 넓은 세상의 이로운 정보를 모아 독자와 나눈다는 의미를 담았습니다.
오늘보다 내일 한 발짝 더 나아갈 수 있도록, 삶의 원동력이 되는 책을 만들고자 합니다.